マービン・バウワー【著】
平野正雄【監訳】
村井章子【訳】

マッキンゼー
経営の本質

THE WILL TO MANAGE 意思と仕組み

ダイヤモンド社

The Will to Manage

by

Marvin Bower

Original English language edition published
by The McGraw-Hill Companies,Inc.
Japanese translation rights arranged
with McKinsey & Company, Inc., Japan
through Japan UNI Agency, Inc., Tokyo.

監訳者まえがき

本書の著者マービン・バウワーは、日本においては馴染みのある人物ではないかもしれない。だが、彼はアメリカ経済界において最も尊敬されている人物の一人なのである。

一九〇三年生まれのバウワーは、弁護士事務所を経て、一九三三年にコンサルティング会社マッキンゼー・アンド・カンパニーに入社し、以来六〇年間にわたり強いリーダーシップを発揮して、同社を世界的なコンサルティング会社へと発展させた中心人物である。また、大恐慌以降のアメリカ経済、とりわけ企業経営の変遷の中心に身を置いてきた歴史的存在でもあるのだ。

そして何よりも、その透徹した経営哲学、高い倫理観、信念を貫く高潔な人柄によって、経営コンサルティングの職業概念を革新し、アメリカ産業界における企業経営の近代化に大いなる貢献をしたのである。

実は、つい最近の二〇〇三年一二月二八日付けニューヨーク・タイムズ紙のコラムにおいて、バウワーは次のように取り上げられている。

「正しいアドバイスを提供するためには、コンサルタントは決して中立性を失ってはいけない、とバウワーは一貫して主張していた。戦後のアメリカにおいて進みつつあったアドバイス業の多角化の流れに対して、バウワーは一人激しく抵抗していた。商業主義に染まった各社が、利益相反や内部競争のおそれがあるのにもかかわらず、会計監査から、コンサルティング、弁護士業、投資銀行業務など、次から次へとアドバイス業を多角化していくことに、彼は重大な懸念を表していたのだ。そして、二〇〇二年に会計事務所のアーサー・アンダーセンが破綻した時に、バウワーの懸念は的中することになる。（中略）バウワーは、マッキンゼー社の創業者が亡くなると、同社のコンサルティング部門と会計監査部門をたちまち分離したのであった。それは、会計事務所の兼業禁止などの措置を織り込んだサーベンス―オクスレイ法が成立する半世紀も前の出来事である」

これを読むと、彼がいかに優れた洞察力と高い経営倫理を有し、顧客の利益を常に優先するという信念を貫く「強い意志の人」であったかを知ることができる。

アメリカ中西部に生まれたマービン・バウワーは、勤勉な父親の強い影響を受けて育ち、東部の名門校であるブラウン大学を卒業した後に、法律家を志してハーバード・ロースクールに進む。その後、一九三〇年から三年間、一流の弁護士事務所であったクリーブランドのジョーンズ・デイに籍を置く。企業弁護士としての活動を通して、彼は多くの企業経営者が、実は法律問題を超えて経営問題にも踏み込んだアドバイスを求めていることを痛感する。

そのような時期に、バウワーは、シカゴ大学で会計学の教授であったジェームス・O・マッキンゼーと出会う。彼が創業した経営コンサルティング会社に強い興味を持ったバウワーは、パートナーとしてマッキンゼー社に入社することになる。

当時の経営コンサルティングと言えば、ストップ・ウォッチをもって生産現場の業務測定と改善を行う「タイム・アンド・モーション」と呼ばれるやり方が主流であった。要は、一定の分析手法を繰り返し適用して、生産現場で改善アドバイスを行うものである。

一方、企業経営者に対する経営全般のアドバイスは、酸いも甘いも噛み分けた老練な元経営者が、経験に基づいて後輩に助言するといった程度のものであった。このように、個人の経験や見識をベースにアドバイスするベテラン達は「グレイヘア（白髪の）・コンサルタント」と呼ばれ、企業トップへのアドバイスに若者が関わるなどということは考えられなかった。

さらに言えば、先に引用したニューヨーク・タイムズの記事でも明らかなように、会計事務所やコンサルティング会社も商業主義で運営されており、収益優先の経営は一般の事業会社と変わることがなかった。

このような当時の経営コンサルティングのやり方では、企業経営者に対して質の高いアドバイスを提供することはできないと痛感したバウワーは、決然とコンサルティング業の革新に乗り出す。

その神髄は、プロフェショナリズム、ファクトベース・コンサルティング、そしてトップマネジメント・アプローチという三つの革新的な概念を、コンサルティング業に導入したことである。

なかでも、最も重要な革新が、プロフェショナル・コンサルティングの確立である。

プロフェショナリズムの本質は、クライアント（依頼者）の利益を最優先し、クライアントの問題解決を職業的使命とすることである。すなわち、プロフェショナル・コンサルタントとは、自社の利益のために働くのではなく、クライアントの利益のために最善の努力をする者であり、プロフェショナル・ファーム（会社）も、自社の収益拡大のために経営するのではなく、より質の高いアドバイスをクライアントに提供することを究極の目的とした経営をすべきである。

このことは、医師と病院の関係に喩えるとわかりやすい。本来、医師とはプロフェショナルな職業であり、医師は患者のために治療行為をするのであり、病院の利益のために働くのではない。弁護士も同様に、クライアントの財産や利益を守るために働く者であり、事務所や自分の利益を稼ぐことを目的に活動してはならないのである。

ただし、世の中には、誠に残念ではあるがこのようなプロフェショナルの使命感から逸脱した悪徳医師や悪徳弁護士が大勢いる。それほど、自身や自社の利益を二の次にして、クライアントの利益のために尽くすことを徹底するのは容易ではない。

経営コンサルティングもプロフェショナル・サービスでなければならないと確信するバウワーは、プロフェショナリズムをマッキンゼー社の経営理念の中核に据え、一人ひとりのコンサルタントにプロフェショナルとしての使命感と規律を求めた。

彼は、表面的にクライアントとうまくいっていたとしても、プロフェショナリズムにもとる行為を行ったコンサルタントには、容赦なく離職を迫った。その一方で、バウワーは、クライアントの真の利益を考えた末に、敢えて耳の痛い提言を行ったために、直接の依頼主の不興を買って大きなプロジェクトを失ってしまったコンサルタントに対しては、むしろその行為を称えた。

もちろん、彼はマッキンゼー社の経営にも厳しい規律を課した。先の新聞記事に書かれていたように、同社がコンサルティング以外の業務を兼営することは、クライアントとの利益相反をもたらしかねないことから、それを一切排した。また自社の株式公開も、それがマッキンゼー社パートナーの個人的な利益からは魅力的なオプションであったとしても、経営の中立性を損なうことになるので、これを決して認めることはなかった。

こうしてバウワーは、彼の高邁な理念と強いリーダーシップの下で、マッキンゼー社を、商業主義を排した真のプロフェショナル・ファームへと導いていったのだ。

ファクトベースの徹底も、バウワーが先導した経営コンサルティングの革新である。ファクトベース・コンサルティングとは、文字どおり「事実に基づいて」議論をし、戦略を組み立てることである。

そう書くと当たり前に思えてしまうが、実は企業の経営の現場では、事実を客観的に把握しないままに、思い込みや経験則に基づいて意思決定がなされることが多い。

たとえば、ある製品の市場シェアが下がっている状況において、有効な対策を打ち出すうえで事実の把握は不可欠だ。どのような顧客を失っているのか。なぜその顧客は他社製品を選択しているのか。競合製品の優位性は持続するのか。自社不振の直接原因は何か。価格なのか、ブランドなのか、製品の基本性能なのか。そうした不振をもたらした真の原因は何か。組織間の連携不足なのか、マーケティングの軽視なのか、開発への投資不足なのか、技術戦略の見誤りなのか。こうした一連の問いに正確に答えられなければならない。

バウワーが行った革新は、企業の経営課題を解決するに当たって、競争の現場で何が起きているのか、企業の組織の中で何がうまくいっていないのかについて、徹底的に事実を検証し、集められた事実に基づいて、論理的に戦略を考えていく手法の確立である。これにより経営コンサルティングは、ベテランの元経営者がその経験に基づいてアドバイスするグレイヘア・コンサルティングから、鍛え抜かれた若者がエネルギッシュに現場を駆け回って事実を集め、それらにさらに高度な分析を加えて提言に結びつける近代的なアドバイザリー・サービスへと進化したのである。

結局、年長の企業経営者が、若いコンサルタントの意見に耳を傾けるのは、彼が丹念に調査した現場の実態と、そこから論理的に導き出される結論を聞きたいからである。また、コンサルタントは、年長の企業経営者にとっていかに耳の痛い内容であっても、客観的な事実の裏づけを取りながら、率直に問題点を伝えなければならないのである。

バウワーがもたらした三番目の革新は、トップマネジメント・アプローチの徹底である。トップマネジメント・アプローチとは、企業経営者だけをコンサルティングの対象とする、という偏狭な概念ではない。企業の経営解決を行うためには、常に経営者の視点から、本質的な解決策を求めなければいけない、という意味である。

たとえば、流通コストの削減を物流部門の長から依頼されたとしよう。問題点を分析すると、流通コストの高止まりの原因は、配送や保管の非効率にあるのではなく、むしろ営業部門の需要予測の精度や調達部門による部品の発注頻度に問題があることが見えてきたとしよう。この場合、当初の依頼の範囲を超えて、営業や調達部門にも働きかけて、抜本解を求めていく姿勢こそが、トップマネジメント・アプローチである。

企業において、部門の壁や過去からのしがらみなど、あらゆる制約条件を超えて抜本策を追求できる立場にあるのが経営者である。現場の問題解決においても、経営者の視点から、妥協せずに本質を追求すること。お定まりの分析手法に依存せずに、クライアント毎に最適な方法で問題解決を行うこと。トップマネジメント・アプローチという概念を打ち出すことで、バウワーはコンサルタントに、常にクライアントに対して抜本的な解決策の提供を求めたのである。

このように、マービン・バウワーは、プロフェショナリズム、ファクトベース・コンサルティング、そしてトップマネジメント・アプローチという革新的な概念を導入することでマッキンゼー社を世界的な成功に導き、経営コンサルティングの近代化を成し遂げた。そして、マービン・バウワーの名は、厳格な革新者としてマッキンゼー社をはるかに超えて、アメリカ経済界の伝説になったのである。

バウワーは、昨年（二〇〇三年）一月二二日、九九歳で息を引き取った。彼は、最晩年までマッキンゼー社のパートナー会議や若手コンサルタントのトレーニングに顔を出し、プロフェショナリズムの墨守を求め、商業主義は断固として否定し続けた。

一九九八年のパートナー会議に現れたバウワーは、全世界から集まった六〇〇名のパートナーを前に語った。

「すべてのパートナーは、相互に深く信頼し合って、優秀な人材の採用・育成に努力し、プロフェショナリズムの精神を徹底して、ひたすらクライアントの利益を優先する経営を続けるのだ」


さてこの*The Will To Manage*は、経営コンサルタントであるマービン・バウワーが、近代的企業経営のあり方を執筆したものであり、一九六六年に出版された。本書は、アメリカにおける歴史的ビジネス書七〇選にも選ばれているように、企業経営論の古典的名著である。

本書には、あたかも建築物の設計作業になぞらえるように、企業の経営システムの基本的な構造やその構築のあり方が体系的に語られている。ただし、バウワーが本書で論じている経営システムとは、無機的な管理機構の構築を意図するものではなく、生きた「経営の意思」を組織内のすみずみまで浸透させ、よく鍛錬された企業体をつくり上げるための一連の方法論である。

つまり、初めに明確な「経営の意思」がなければ企業は成立せず、その意思を伝達し、実現するために経営システムが必要なのだと、バウワーは唱えているのだ。「経営の意思」をもち、システム化された組織は、官僚組織ではなく、実は、人材の自主性を最大限に発揮させる有機的組織なのである。

一九六〇年代におけるアメリカ企業の経営の実態を理解するだけでも、本書は興味深い。戦後のアメリカ企業が、経営者の個性と経験に基づいた旧態依然たる経営から脱して、どのようにして効果的な経営システムを構築して、統治能力をつくり上げていったのかを、よく理解することができる。また、この時期に構築された経営システムは、現代経営の基本であり、そのほとんどは高い普遍性を有しており、今日の企業人や経営人も理解しておくべきものである。

言うまでもなく、本書のバックボーンとなっているのは、経営や職業に関するマービン・バウワーの哲学や理念である。バウワーという人物には、高い理想主義、誠実さと強い意思の力、そして自己規律の精神があふれている。我々は、それらを感じ取ることでインスパイアされるのだ。

二〇〇四年二月

監訳者　平野正雄

マッキンゼー 経営の本質——目次

第3章 戦略――我々はこの道を進み、こう戦う 51

第7章 事業計画・業務計画とコントロール・システム——道順を決めるシグナルを設置する

マッキンゼー 経営の本質

意思と仕組み

序章

かつて若くて大変有能な男がいた。彼はある大企業の中核的な事業部の長に昇進した。だが困ったことに、この事業部の業績は芳しくない。製品は競合他社のものと似たり寄ったりだったし、業界全体の供給能力は需要をはるかに上回っていたのだ。

自分のおかれた苦境に、この若い部長は憂鬱になった。何とかしたい。しかしどうすればいいのかわからない。まったく違う種類の製品を扱う事業部から移ってきたので、いまいる事業部の内情に疎かったのだ。そこで彼は部内のライン・マネジャー一五人を近くのホテルに集め、二日間かけて実態を把握することにした。「数字は持ち込まないでくれ」と彼はマネジャーたちに言った。「みんなに考えてほしいんだ。顧客のこと、市場のこと、会社の外で起きていることを考えてくれ」。

ミーティングが実り多かったとは言えない。その事業部はそれまで計画も方針も理念もなく運営されていたので、マネジャーたちには考えるという習慣がなかった。彼らは数字合わせに血眼になり、自分の保身しか気にかけない。競合に勝てる程度に値引きして、注文を獲得することにしか関心がなかった。つまり事業部は、場当たり的に、ちぐはぐに、自分本位なやり方で経営されていたのだ。

だが、この若い有能な部長は挫けなかった。二週間後、彼はまたマネジャー一五人を別のホテルに連れて行き、二日間のミーティングを開く。今度も、事業について深く考えること、特に顧客、市場、事業環境の変化について考えることだけを要求した。二回目のミーティングでは少しずつアイデアが出始めた。そして三回目のミーティングでは確かな手応えが得られたのである。結局のところ彼らは、正しい経営プロセスを再確認したのだった。取るべき行動、下すべき決定がはっきり見えるようになった。さまざまな問題があることは以前からわかっていたにもかかわらず、組織的な取り組みをせずに放置されてきたのだが、いまや全員が問題に正面から向き合うようになった。

あとは、見えてきた課題に対して適切な対策を打ち出し、たゆまずやり通すだけである。若い有能な部長は一五人のライン・マネジャーにそれを求めた。そしてマネジャーたちは、部長のゆるぎないリーダーシップの下、しっかりと期待に応えた。こうした結果が生まれたのは、若い部長が強い「経営の意思」を持っていたからである。

一年と経たないうちにこの事業部の利益は大幅に――正確には七〇%も――伸びた。もう若い部長は落ち込んでいない。彼はやり遂げたのだ。会社の経営幹部も満足している。この事業部はさらに数年にわたって好業績を続け、彼は再び昇進を果たした。

このエピソードは、企業の成功には強い「経営の意思」を秘めたリーダーの存在が欠かせないことを教えてくれる。確かな経営プロセスを使って部下を鼓舞し、目的に向けて背中を押してやるリーダーだ。

この教訓こそ、本書のテーマである。若い有能な部長の話は作り話ではない。アメリカ中西部の会社で本当にあった話である。この話を始め、私が実際に遭遇した多くの企業の実例から、基本的な経営手法を目的に沿ってシステマチックなやり方で適用すれば偉大な成果につながることを、私はお話ししたい。本書はハウツー本ではない。企業経営の本質についての読み物である。

本書で主に取り上げるのは、成功している企業で実証された経営手法、それも先端的な知識を満載したやり方ではなく基本的な知識や技術を応用した経営プロセスやシステムである。したがって私がお話しする内容は決して目新しいものではないが、そのことを弁解する必要は感じていない。優れた経営とは、そうした基本的な経営プロセスが体系的に組み合わさった経営システムによって形成されるのだ。

そのなかにあって、「経営の意思」の重要性はいくら強調しても強調しすぎることはない。システムとして経営に取り組む手法は既に盛んだが、多くの企業で効果的に実行されているとは言い難い。「経営の意思」が発揮されてこそ、経営システムは価値あるものになる。

だからと言って、経営者は新しいテクニックを試すより、昔ながらの経営手法を学ぶべきだと言うつもりはない。私が強調したいのは、新しい手法であれ、古いやり方であれ、全体を貫く太い方針の下で運用されてこそ大きな効果が期待できるということである。大きな目標を掲げて計画的に経営された会社は、技術・社会・政治などの広範な変化に対応しやすいことも強調したい。

本書では、自ら直接経験したさまざまな事例を手がかりにして、望ましい経営システムについてお話しするつもりだ。事例はケーススタディとして各章で適宜紹介する。主に経営コンサルタントとしての自分自身の経験から書き起こしたので、最初に背景を少々説明しておこう。

私は長年にわたりコンサルティング会社の一員として働いてきた。扱うのは主に大手企業の経営問題で、クライアントはさまざまな業種に属する大規模な有名企業が多かった。三〇年の間に仕事で関わった企業の大半は、業界をリードする企業、すなわち売上高・利益で業界トップスリーに数えられるような企業ばかりだ。

経営コンサルタントの仕事は、顧客企業の経営陣に経営目標・戦略・方針・組織計画などの大切さを説き、導入を促すことである。それが競争優位の強化、利益の増大、経営の継続性につながることを顧客に説得する。

そのために会社や業界の収益構造を分析し、競争上の優位性と弱点を見極め、その会社に固有な理念や文化を把握する。社内からも社外からも事実を丹念に集め、経営プロセスを徹底的に分析し、会社や経営幹部の成功・失敗を膝を突き合わせて話し合う。そうするなかで問題解決や業績改善の可能性を高めていくことが、コンサルタントの仕事である。

経営コンサルタントは、民間企業から政府に至るさまざまな分野の経営問題や事業戦略の生きた事例を扱うことから、膨大な経営手法を蓄積していくことができる。この点で、私は並はずれて幸運だったと思っている。三〇年以上コンサルタントとして働くうちに、多種多様な欧米企業の舞台裏を間近に見ることができた。それはちょうど経営コンサルタントという職業が次第に世の中で認められていく時期でもあった。それまでは、大企業の経営を直接観察する機会などあまりなかったのである。

企業人は、民間企業ならではの強みを発揮し、優れた組織と人材を育み、革新的な商品を世に送り出す義務があると、私は常々感じていた。そして、コンサルタントの経験から私が得たものを、いくばくかでも伝えていくことが私自身の義務でもあると思うようになった。

私自身の経験に加え、特に重要な問題について客観的な視点を採り入れるため、同僚の経験も参考にした。なかには多くの点で私と異なるものもあったが、マッキンゼーでは標準化された手法やお仕着せの解決策を使うことを良しとしないので、これは特に不思議ではない。最終的な結論としてまとめたアイデアは、すべて私自身の考えである。

本書で紹介する事例のほとんどは、コンサルティングの仕事をしながら集めたため、顧客企業の経営幹部の方々は知らないうちに手を貸してくれたことになる。経営者として成功を収めた人たちは、一般に自身の経験を喜んで明かしてくれるとは言え、本書で取り上げた事例について本人の名前や所属企業を断りなく明らかにするのはあまりにも失礼であろう。このため氏名や企業名が特定できないよう細心の注意を払った。またそれが不可能な場合には、まったく別の名前や背景説明を使っている。

たくさんの同僚が本書に有意義な批評と助言を与えてくれた。ウォーレン・キャノン、D・ロナルド・ダニエル、C・リー・ウォルトン、アーチ・パットンは、全般にわたって私を助けてくれた。ギルバート・H・クレー、レイモンド・J・クレマー、J・ロジャー・モリソン、ハワード・H・ウィリアムズは、計画立案の章で特に力を貸してくれた。素晴らしい編集者ロナルド・マンにも恵まれた。皆の協力には改めて感謝する。

本書には彼らの助言の多くが生かされているが、最終責任は言うまでもなく私にある。経営学の権威と言われる人たちが私の考えに決して同意しないことは、すでに覚悟している。

だが優れた企業の成功パターンから導き出した私の結論は、きっと多くの経営者や企業経営を志す人たちの参考になると信じる。だから序章を終えるに当たり私は最後に願う――この本を読み通すだけの「読む意思」を読者の皆さんがお持ちであらんことを!

第1章

経営の意思

——意志あるところ道あり

数年前、投資銀行・証券会社の団体に招かれて経営をテーマに講演をしたことがある。何を話すか材料を集めているうちに、私はある重大なことに気づいた。どんな事業でも成功のカギは、自ら経営に携わる確固たる意思にある、ということだ。

そこで私は早速、主な投資銀行や証券会社でパートナーと呼ばれる幹部十数人に話を聞いてみた。するとほぼ全員が、会社の経営のことまで考える余裕はないと答えたのである。仕事をこなすだけで手一杯だというのだ。つまり新しいお客を獲得したり、新たに起きた問題に対処したり、注文を取り次いだり、といったことである。なかには、かたちばかりの経営などに価値を認めないと誇らかに宣言する幹部すらいた。彼らの多くは、どうやら経営をバックオフィスのスタッフが伝票を処理するようなイメージでとらえているらしい。

一流投資銀行のパートナーたちは、たしかに猛烈な勢いで効率よく仕事をこなす。だがそれはあくまでも有能な個人としてであって、経営者としてではない。ただ投資銀行（当時）は基本的に規模が小さいので、たとえ幹部がだれも経営に関心を持たなくても、事業としての成功を実現できる。それでも、不安を抱く思慮深いパートナーは少なくない。取材では、こんな声が聞かれた。

「会社の性格が知らないうちに変わってしまうような気がする。とにかく私には、自分のところに回ってきた仕事しかわからない」

「会社はうまくいってるが、繁盛しすぎかもしれないな。目の前の利益や新しい問題の解決に気をとられて、どんなビジネスをしたいのか、どうやったらそのビジネスから利益を上げられるのか、考える時間がない」

「利益のことばかり考えるのはやめて、会社の経営のことを考えてはどうかと上の人に言ってみたことがある。だが現実に会社はうまくいっているわけだから、だれも耳を貸そうとしなかった」

ちなみに私の講演を聴いたり資料を読んだりした人たちが示した反応からすると、同じような懸念は投資銀行業界全体に広がっているように思われる。

一方、同じ協会に所属するとは言っても、証券会社は投資銀行と違ってかなり規模が大きい。だから上級幹部は経営に絶えず注意を払わざるを得ず、しっかりした決意を持って経営に臨み、そのための体制を整えていることが多い。証券業界で倒産や合併が相次いで発生したことも、会社の経営は、その他の業務とはまったく次元が違うのだから、そのための特別な仕組みが別に必要だという認識につながっている。好況時に倒産したり、合併を呑まざるを得ない事態に立ち至るのは、経営の仕組みづくりを怠ったツケと見なされる。

経営の意思は、どんな事業の成功にも欠かせないものである。ゼネラルモーターズ（GM）の会長を長く務めたアルフレッド・P・スローン・ジュニアは、名著『GMとともに』の中で創業者ウィリアム・C・デュラントの功績を称えながらも、次のように語っている。(原注1)「デュラントは偉大な実業家だが、一つ弱点があった。事業を興すことには秀でていたが、それを長く運営できなかったことである。創業者である彼が、GMを長期にわたって自ら経営できなかったことは、アメリカ産業史にとって非常に残念なことだ」。デュラントが去った後に、スローンがGMにもたらしたのは、まさにGMという大企業を経営する意思だった。

本来なら歴史に名を残すはずの優秀な創業者や後継者たちが脱落してしまうのは、経営の意思が欠けているからではないだろうか。

意志あるところ道あり

いったん必要に目覚めれば、事業を経営する立場にある人は経営の意思を持つ。そして意思を持てば、次には効率的な経営の仕組みを整えようとする。格言に「意志あるところ道あり」と言うとおりである。

ところで経営の意思について話す前に、まずは経営そのものの意味を確認しておこう。ここでは、ある銀行家が話してくれた定義を紹介したい。「経営とは組織の目標を定め、人材を始めとする資源をその目標達成へと導いていくこと」というものである。これは優れた定義と言える。

その場での状況変化への対応を優先し、臨機応変に運営してしまうのも経営の一手法には違いない。しかし意思をもって企業を運営することもまた一つの経営手法である。急成長中のグローバル企業の新任CEOは「我々は事業が拡大するがままに任せるのではなく、会社の成長を自らの手で統制しようと決意した」と語ったが、これこそ会社を経営する意思にほかならない。

ただし、経営を志すことと成功を目指すこととは、必ずしも同じではない。事業を成功させたいというのは、CEOを始め経営幹部ならだれしも持つ望みである。ここでは、規模は非常に大きいがそこそこの成功しか収められなかった中西部の企業の例を挙げて、両者の違いを説明してみよう。

この会社のCEOは自社の成功を強く望み、個人的にも会社にひたすら献身した。夜遅くまで働き、会社の出来事は何一つ見逃さず、競争相手に大胆な戦いを挑み、大規模な計画や設備投資に関して次々と見事な決断を下す。増収とコスト削減を目指す遠大な目標を立てて先頭を走り、組織再編や配置転換を頻繁に行う、という具合だ。

このCEOは非常に支配力のある人物ではあったが、ワンマン経営者だったわけではない。ワンマン経営をするには会社が大きすぎた。多くの部門には優れた経営手法が導入され、販売・製造・財務関連の最新の技法も採用されたし、コンピュータや統計分析手法も早くから採り入れられていた。つまり社内では近代的なマネジメント手法がきちんと活用されていたのである。だがCEO自身は、会社全体の経営を深く考えようとはしなかった。

このためCEOから部下には「売上げの拡大」と「コスト削減」だけが目標として伝えられ、目標達成のための戦略も何も存在しなかった。CEOの下で働く経営チームのメンバーは、上からの指示を待つだけだ。CEOが優先順位を突然変えれば、目に見えない多大なコストが発生する。皆それをわかっていたが、そんなことを自由に話す習慣はなかった。ほかに頼れる指針などもないまま、ひたすら指示を待つほかなかったのである。

あれほどやり手のCEOなのだから、経営をシステム化すれば事業はもっと成功するだろう――

社員の多くは内心ではそう思っていた。だがＣＥＯは押し寄せる仕事に次々と決断を下すのに忙しすぎて、会社の仕組みを手直ししたり、システムを構想したりする時間すらなかった。この会社の業績は悪くはなかったが、競合他社と比べて抜きん出ていたとは言えない。ただしまずまずの業績だったため、意思を持って会社の経営に当たる必要性にＣＥＯは気づかぬままだった。

もしこのＣＥＯが、会社の経営こそ自分の仕事だと肝に銘じていたら、おそらくは自身の能力に倍する仕事ができただろうし、部下の能力を有効に生かすこともできただろう。そうなれば利益は大きく伸び、結果的には成功願望のほうも首尾よく達成されていたはずだ。

このように、成功を目指す決意と、経営に向き合う決意とははっきり違う。どちらも大切だが、社員三〇〇人以上の企業が長期にわたって成長を遂げるためには、後者が不可欠である。どんな企業でも、事業の成功を目指すだけでなく、事業を経営しようという意思を幹部がしっかり持っていれば、成功の見込みは高くなる。そのような意思があれば、自ずと意思を具体的な行動に移す仕組みをつくり、活用しようとするからだ。そして事業の伸展に振り回されるのではなく、自分たちが事業の舵取りをする手段を探すに違いない。

経営の意思をいかに効果的に、かつ断固として貫き通せるか――事業経営の成否はそこにかかっていると私は信じる。経営が科学になり得ないことを本能的に知っている多くの経営者は、「科学的な経営」に手を出そうとはしない。だが有能な経営者なら、一貫性のある経営システムが事業の成功に結びつく現実的な方法であることを知っている。

毎日の仕事と経営の仕事

事業を経営することと業務上の判断を下すことが、まったく別物であることは、だれしも認めるだろう。後者は、上はＣＥＯから下は現場主任までマネジャーならだれでもする仕事である。だが地位が上がるにつれて、経営の仕組みを整え改善することが、次第に重要な任務となってくる。たとえば職長や地区担当のセールス・マネジャーであれば、勤務時間の九割を日常業務のなかのさまざまな決定に費やし、残り一割で担当チームをどう経営すべきかを考えるだろう。だが年商一〇億ドル規模の会社のＣＥＯともなれば、業務上の判断に充てる時間は三割、会社全体の経営に充てる時間が七割になる。

ここで、中西部の会社の例をもう一つ挙げよう。年商一〇億ドルの大規模な会社だが、同社のＣＥＯは、ほとんどの時間を下から上がってくる問題（事業部の予算や新工場への投資など）の決裁や各事業部の業績評価に費やしていた。投げかけられる問題の処理に追われ、自分から問題に取り組む時間がほとんどないため、全社的な経営にほとんど目が向かない。たとえば同社には業績不振の事業部が二つあったが、その抜本的改革をＣＥＯは何度も先送りしていた。彼が業務上の判断に費やす時間の比率は、中間管理職なら適切だったかもしれない。しかしこのＣＥＯは、やるべき仕事の重要な部分を怠っていたと言わざるを得ない。

経営幹部ならだれでもそうだが、特にCEOは、経営の仕組みを組み立て、定着させ、改善する責任がある。自分のところに上がってきた問題を処理する、部下を選抜する、部下のした仕事を評価あるいは調整する、部下を指導する……といった仕事に没頭しているだけでは、責務を完全に果たしたとは言えない。こうした仕事は、CEOの任務のうち日常業務的な部分である。もちろんこれらも大切だ。大切だし、おもしろいし、やり甲斐もある。だがそのせいで、CEOがすべきもう一つの大事な仕事——経営——が侵食され、押しのけられてしまう。自分が果たすべき二つの役割に気づき、経営に携わる意思を持った経営者だけが、時間やエネルギーや知恵を注いで経営の道を見つけようとする。

この重要なポイントを強調するために、もう一つのエピソードを紹介しよう。ある冬の午後、私はある業界大手企業の社長兼CEOのオフィスにいた。一日の終わりが近づき、彼は何か考え込む風だった。「あなたはもうお気づきだろうか。実は私は平社員からここまで出世する間に、社長になるのはどういうことか、一度も教わったことがない。それどころか役職者の心得といったものも、だれも教えてくれなかった。教えられたのは、その時々に仕事をどうするかということだけだった」。

要するにこのCEOは、経営のやり方を何一つ教わっていないのである。仕事の決断を下し部下をやる気にさせるといった面では彼は大変優れており、会社は堅実に売上げを伸ばし、シェアを拡大し、利益を上げている。だが本当ならもっと業績を上げられるはずだと彼にはわかっていた。決定を下すことはたしかに重要だし、部下を動かすことも大切だが、それ以上の仕事が自分にはあるはずだと本能的に気づき、経営の仕組みをつくって運用することが自分の任務であると感じ始めていた。このCEOは自ら経営の意思を培い、よりよい経営の道に近づきつつあったと言えるだろう。

以上をまとめてみよう。事業を経営するとは、単に優れた業務上の決定を積み上げて金銭的な結果を出すことではない。社員全員が会社の目標達成に貢献し成功を実現できるような仕組みをつくることもまた、経営のうちである。エグゼクティブと呼ばれる人たちには、この第二の重要な任務を決して忘れてほしくない。スローンがGMの創業者デュラントについて語った言葉――「事業を興すことには秀でていたが、それを長く運営できなかった」を常に戒めとしてほしい。

計画性のある経営

このように、経営の意思あるところには経営の道が開けてくる。そして経営の意思を行動に反映させる最善の方法は、組織的、体系的なアプローチであると私は信じている。自分の会社はどんな会社か、自社の事業には何が必要か。それらを見極めて経営陣が自社にふさわしい経営のシステムをつくり上げ、毎日の業務のなかで着実に実行していく。これが、組織的な経営である。

経営システムとは、事業計画、投資判断、業績評価など、互いに影響を及ぼし支え合う経営プロセスの集合体である。プロセスはシステムの構成要素として組み合わせて活用され、システムは大きな方針や原則の枠組みとしてプロセスをしっかりと結びつける。システムの下で一つひとつのプロセスの機能は高められ、大きな成果に結びつく。こうして、1＋1が3にも4にもなっていく。

何か目安や拠り所がある時のほうが、社員は力を発揮しやすい。何をすればいいかがわかっているので、ひたすら指示待ちをしなくていいからだ。経営のシステムが社員全員にはっきり理解され、会社の方針や規則が終始一貫している時、社員は目的に向かって生産的に仕事に取り組む。

システムとして経営が行われている会社では、さまざまな経営プロセスが一つの目的に向かって働く。こうした経営スタイルの根本にあるコンセプトをごく簡単な言葉で表すとすれば、それは、「計画性のある経営」ではないだろうか。計画性のある経営が最大限の効果を発揮するためには、関与するすべての人がシステムを理解し、プロセス同士のつながりを把握しなければならない。特にマネジャーと名のつく人は、地位の上下を問わずプロセスを理解し、それぞれが単独でどんな働きをし、またシステムの一部としてどんな意味を持つかを知っておく必要がある。プロセスは計画的な経営を成り立たせるシステムの要素であって、たとえば事業計画によって定められた目標が、人事評価の基準になるように、あるプロセスの効果が他のプロセスによって増幅されることもあれば、その逆もありうるからだ。

統合的なシステムの下に会社が経営されていれば、その場しのぎの決定や場当たり的な判断が入り込む余地は小さくなる。もっとも、いくらその会社に適した経営システムが構築されたとしても、行き当たりばったりの決定が皆無になるとまでは言えない。だがシステムがしっかりしていれば一貫性のある方針が定められるので、思いつきで下される決定の数は非常に少なくなるはずだ。ある決定が他の決定を支え、また支えられもするといった具合に、一つひとつの決定や行動が目標達成によりよく貢献するようになる。

このように、経営の意思と経営のシステムは、車の両輪のごとく働いて成功の可能性を高める。経営の意思はシステムを整える決意につながり、システムは意思を具体的な行動に変え、行動は意思をいっそう強めていく。急成長を遂げたある企業の有能なＣＥＯが「我々は会社を自分たちの手で動かそうと決心し、そのために経営システムをつくった。それ以外の方法では到底ここまでにはなれなかっただろう」と言ったのは、まさに当を得ている。

経営の意思を阻害するもの

計画性に欠ける経営スタイルには、二つの大きな欠点がある。第一は、経営プロセスがはっきり決まっていないことである。そのため当然ながら、社員がプロセスを理解して実際に活用することは望めない。意思決定や行動の指針となるべきものが存在しないのでは、社員に一貫性のある行動を期待するのはどだい無理というものだ。

第二は――こちらのほうが重大だが――あるプロセスと別のプロセスとのつながりが理解されていないことである。たとえばある方針なり組織なりの変更を検討する時に、会社や事業部の目標達成に役立つのかどうかが考慮されない。方針や組織の変更を決定しても、その理由がきちんと社員に説明されない。またある方針を変更すれば他に影響が出ることがわかっているのに十分検討されない、といったことが頻繁にある。

要するに計画性のない経営は、首尾一貫せず感情に左右されやすい。原理原則がないため裁量的で不明朗であり、有能な人間——彼らは自分の権限を知り能力を発揮したいと願うが、不当な権力を手にしようとはせず、特別扱いも求めない——が正しく評価されない。また、社員が従うべき方針や手順も不備である。経営の意思が欠けていると、このような経営になる。

一方、計画的に経営されている会社には、ゆるぎない価値観が浸透している。このため経営の意思を邪魔するような障害物は自ずと排除され、社内どこでも経営の意思がよりよく発揮される。

長年にわたっていろいろな企業を見てきた結果、ほとんどの管理職は、部下に対して厳しい指導を行って部下の感情を傷つけるのを本能的に嫌う傾向があることに私は気づいた。しかし、これは経営の意思を阻む大きな障害物である。歴史が教えてくれるとおり、どんな文明のどんな人間集団でも、生産性の向上のためには、献身か、厳しい指導しかない。逆に言うと集団の共通目標に向けて最大限の努力を引き出すためには、激励のみならず規律も必要である。

ところが部下を持つ立場の人は、命令や指導が不当だとか気に入らないと受け取られそうな時、毅然として実行することを嫌う。そうした場面では、厄介事を先送りしたり適当にごまかしたりしたいという誘惑が強くなり、相手をあまり刺激しないよう規則を曲げたくなるものらしい。しかし先送りや妥協で問題は解決しない。その時にしっかり言っておかないと、あとでもっと厳しくしなければならなくなる。先送りは代償を伴い、厳しい処罰は恨みを招くので、経営の意思を貫くのがいっそう困難になる。

だから会社を経営する立場になったら、従来からある経営プロセスを体系化して、自分の会社に適した規律ある経営システムをつくらなければいけない。システムがしっかりしていれば、上司はスムーズに決定を下し部下へ指示を出せる。そうなれば叱咤も激励もきっと効果が上がる。

この点はとても大切なので、別の言い方で説明したい。どんな会社も、またどんな事業部も、それぞれのニーズに合わせた経営システムを作り上げることは十分に可能である。一貫性のあるシステムの下では社員の士気は高まり、会社の目標や計画の実現に向けて一層努力するようになるだろう。また上司にとっては規律の徹底が容易になり、経営理念や戦略の尊重、行動方針・基準・手順の遵守を促しやすくなる。システムは企業の屋台骨として経営の意思を具体的に表現し、意思はシステムを堅固にする。

イギリスの偉大な政治家であるベンジャミン・ディズレーリは、かつて「成功の秘訣は、目標に常に忠誠を尽くすことだ」と語った。計画性のある経営ではしっかりした目標が定められ、目標に沿った行動方針が打ち出される。そして社員は方針の遵守を奨励されるというふうに「目標への忠誠」が高まっていく。

つまり経営システムが確立されると命令を下しやすい環境が整うが、実際には命令する必要があまりなくなるのである。このため有能な上司は、部下を励まし促す方向でシステムを活用する。優れたシステムほど、実は個人が自由に動く余地は大きい。いつ何をどうすればよいか社員がわかっているので、上司が始終、ああしろこうしろと命令したり要求したりする必要がないからだ。「システム」などと言うと規則でがんじがらめにするように響くかもしれないが、このように実際にはまったく逆である。システムがあればこそ社員は自分の判断でのびのびと仕事ができるようになり、自分で方向を決め自分で舵取りする自主管理が進む。そして社員の自主的な取り組みこそ、経営システムにとって最も望ましいエネルギー源なのだ。有能な社員が優れた経営システムの下で働くことを好むのも、効率が上がり意欲が高まるのも、まさにこのためである。

適切に構築された経営システムの下では、経営幹部は自ずと方法の完璧さより目標の達成度を、手続きが守られているかどうかより業績を、規則の遵守より結果を重視する。すると会社は、事業環境や将来の変化に対応しやすい体質になる。

本書では敢えて「システム」という言葉を使ったが、システムが禁止条項の多い規則やお役所的な管理を意味するとは考えないでほしい。健全な経営システムは逆に企業に活気を吹き込み、官僚主義的な息苦しさを吹き飛ばす働きをする。

よくできた経営システムは時の試練に耐えるものだが、同時に変化もいとわない。経営システムは柔軟な構造や骨組みを持つので、システムを構成する経営プロセスが変化しても、全体のバランスは損なわれない。だから新しい方針、新しい計画が抵抗なく受け入れられ、理解・吸収されて、スムーズに行動に結びつく。プロセスを大幅に変えてもシステムは動揺せず、そのことがわかっているので、安心して変化を許容できる。このため経営システムが機能している会社では、社員が進取の気性に富み、どんどん変化を取り込む。技術変革のペースが加速している現代では、社内の柔軟な適応能力は貴重な経営資源となるだろう。

また健全な経営システムは、構造がシンプルで運用しやすい。システムを構成するのは特に目新しいものではなく、従来の経営プロセスである。むしろ大切なのは、プロセスがどのように機能し、どのように影響を及ぼし合うかだ。システムとして経営が行われている会社では経営そのものが競争力の源泉でありまた資産にもなっており、その価値を高めるパターンができている。

経営プロセスとは

経営プロセスとは、集団や組織の行動を効率よく行うための方法を意味する。私の経験によれば、経営プロセスが何かをはっきり理解している経営者は少ないようだ。目的を持った経営上の行為は、必ずプロセスに関わってくるのだが、そのことがあまり意識されていない。

基本的なプロセスは、どんな集団を動かす時も同じである。たとえば家族でピクニックに出かける時にも、経営者が下すようなたくさんの判断が必要だ。いつ、どこへ行くのか。持ち物は。子供たちの役割分担は。子供たちの寝る時間はいつもより遅くなってもいいのか。子供たちに守ってもらいたい決まりは……等々。ピクニックが無事終わる頃までには、ほとんどあらゆる経営プロセスが総動員されるに違いない。集団や組織の目標達成に活用されるのは基本的にどれも同じプロセスであり、家族も教会も学校も、また政府も企業も変わりはない。

その何よりの証拠に、国際的な石油資本から町の小さな雑貨屋に至るまで、あらゆるビジネスの経営プロセスはある一つの共通要素を中心に組み立てられている——それは、人だ。人間ならだれでも持っている欲望、能力、個性、関心・無関心、長所・短所、恐怖心、性癖などが経営プロセスで考慮されていなかったら、業種や規模を問わずどんな企業でも繁栄を長続きさせることはできない。

計画し、決定し、行動するのは所詮人なのだ。経営、なかんずく経営システムの役割は、会社の利益に適うような計画、決定、行動を促すことだが、最も望ましいのは、社員自らがそうしたいと思うことである。つまり社員が何をどうすべきか決める助けとなるのが、経営システムの本来の姿である。また経営システムは、会社の魅力を高め有能な人材を集めることにも貢献しなければいけない。この本では、人を中心に据えて経営プロセスを論じていきたい。

それでは、経営システムを構成する基本的な経営プロセスを以下に掲げよう。どんな業種、どんな規模の会社も、次の一四のプロセスから経営システムを組み立てることができる。

●経営理念を打ち出す

信念、価値観、会社としての姿勢など骨太な、しっかりした方向性を確立する。こうしたものを「我々のやり方」として定着させていく。

●経営目標を設定する

会社全体または事業部が何をするのかを決め、その事業で目指すものを定める。経営目標は、時代や流行に左右されない不変の価値を持つものが望ましい。

●到達目標を設定する

経営目標という大きな目標に対して、期限あるいは範囲を狭めた具体的な数値目標を定める。この到達目標を達成するために、戦略を立て計画を立案する。

●戦略を立案する

経営目標を達成し競争に打ち勝つためのアイデアを練り、計画を立てる。戦略立案は計画立案プロセスの一部であり、このプロセスにはほかに中期的な事業計画、単年度の業務計画が含まれる。

●行動方針を定める

経営理念の下で戦略を実行する時に、あらゆるレベルの具体的な行動指針となるべきものを定める。

●基準を設定する

経営目標の達成に向けて参照すべき業務基準や評価基準を設定する。

●手順を定める

重要な仕事や反復的な作業をどう進めるかについて決まりをつくる。

●組織計画を立てる

組織の設計図を引く。経営理念の下で戦略、方針に従って行動する時に、社員の力を一つにする役割を果たすのが組織である。

●人材を配置する

人材を募集・選抜・養成し、組織図に用意されたポストを満たす。この時、幹部候補を適切な比率で確保する。

●事業計画・業務計画を練る

経営資源の配分や業務の進め方に関する計画を策定する。事業計画・業務計画は到達目標の達成を目指し、定められた戦略の下で行動方針・基準・手順に従って実行する。事業計画・業務計画の立案は、戦略計画から始まる一連の計画立案プロセスの一環である。

●施設設備を用意する

事業の遂行に必要な工場、設備などの施設を用意する。

●資金を手配する

施設の建設や運転資金に必要な資金を手配する。

●社員に情報を提供する

社員に事実や具体的な数値などの情報を提供する。こうした情報があれば戦略も行動方針も遂行しやすい。また事業環境に働く外部要因の予測や業績評価にも役立つ。

●社員に行動を促す

計画の実行局面で、経営理念に従い方針・基準・手順に基づいた行動を促す。

一四のプロセスを自社に合わせた経営システムとしてまとめ上げるのが、CEOを筆頭とする経営幹部の仕事である。そして経営システムを浸透させ、守り、守らせるのは業務面の仕事であり、上はCEOから下は現場主任まであらゆるマネジャーがしなければならない。これが経営の基本である。

基本に忠実であることの大切さは、チームワークが大切な集団行動を見るとよくわかる。たとえば一九六四年のNFL決勝戦はその好例と言えるだろう。戦前の予想ではボルチモア・コルツが圧倒的に有利だったが、いざフタを開けてみるとクリーブランド・ブラウンズが二七対〇で圧勝した。理由を聞かれたコーチのブラントン・コリアは「基本に立ち返っただけさ」と答えている。試合前の二週間、フットボールの基本をみっちりやらせたというのだ。シーズンを終えたばかりのプロ選手に、である。実業界でも、「チャンピオン」と呼ばれる企業はやはり基本に忠実だ。

とは言えいくら基本に立ち返っても、実際に活用しなければ役に立たない。クリーブランド・ブラウンズが二週間かけて練習しなおした基本にしても、試合で使わなければ勝てなかっただろう。企業経営に基本を適用することの大切さは、GMの会長を務めたフレデリック・G・ドナーの言葉にもよく表れている。一九六五年、GMは売上高二〇七〇億ドルに対し利益が二〇億ドルを上回った。この素晴らしい業績が発表された直後の会見で、ドナーは次のように語っている。

「原則、方針、手順などの基本は、会社の経営陣が十分理解し毎日の業務と適切に結びつけて初めて効果を発揮する。つまり基本の実践が成功の鍵であり、その成否は最後に業績として表れるのだ。ＧＭの業績が我々のやり方の正しさを証明してくれると私は信じている(原注2)」

ドナーが「成功のカギ」と言った基本の実践を助けるのが、システムによる経営にほかならない。

事業の成功を測る物差し

経営システムの確立が望ましいのは、事業を成功に導く助けとなるからである。となればここで、事業の成功とは何かを確認しておかねばなるまい。事業の成功は、次の三つの基準で測るのが適切と私は考えている。

1　売上高とシェアの拡大

売上高が毎年伸びているか。製品またはサービスのシェアが安定して拡大しているか。この二点は、競争優位を測る物差しとなる。

2　長期的な投資利益率

収益性を測る基準はさまざまだが、投資利益率（本書では営業利益／総資産を使用）は株主、従業員、ひいては社会経済の利益を最もよく反映する。

3　経営の継続性

事業の繁栄を持続できるような経営者を次々に輩出できる会社こそ、成功企業の名にふさわしい。

事業の成功を測る物差しはほかにもある。たとえば製品のラインアップ、社員の能力、世間的な評判、社会的責任などだ。だが売上高とシェアを増やし、長期的な投資利益率を高め、優秀な経営幹部が次々に出てくる会社は、自ずと他の基準もクリアすることになる——これが、成功企業を数多く見てきた私の確信である。

また、成功企業は柔軟であることも付け加えておきたい。事業環境への適応、先進的な製造プロセスの導入、コスト削減、最新の経営手法の活用を、経営幹部は常に心がけるべきであろう。経営システムが機能している企業は変革の必要性を察知しやすく、環境の変化に素早く対応できるし、進んだ経営手法を採用しシステムに組み込むことも容易にできる。システムがしっかりしていれば、むやみに新しいものに偏らず、バランスよく新しい技術や手法が取り込まれていく。

イースタン航空が一九六三〜六五年に成し遂げた劇的な業績改善は、強力な指導者の下で経営が組織的かつ柔軟に行われた好例と言えるだろう（訳注・同社は八〇年代後半から航空事故、ストライキ、湾岸戦争などのあおりを受け、一九九一年に倒産）。四年にわたり減益を続けてきたイースタンは、一九六三年に遂に三七八〇万ドルの赤字を計上。ところがその二年後には赤字を脱し、二九七〇万ドルの税引後利益を計上している。当時は技術の変化が猛烈なスピードで進み、どの会社も最先端の経営手法の導入を迫られた時期だった。

だが新社長フロイド・ホールの下、やる気満々の新経営チームは、ありきたりの経営手法を、しかし大胆に、ダイナミックに、そして徹底的に適用して黒字をもぎ取ったのである。経営計画を打ち出し、目標を定め、力強く推進したのは、ホールが経営の意思にあふれていた何よりの証拠である。従来の経営手法を活用しただけで何も魔法など使っていないとホールは言うが、そのやり方は徹底していた。当たり前のことを徹頭徹尾やり抜くことがいかに大切かを訴えるために、映画まで製作したという。

この例からもわかるように、計画性のある経営は変化の激しい環境で成功を目指すのに適したアプローチである。計画的と言っても硬直的ではなく、弾力性に富んでいるからだ。どんなアプローチでもそうだが、万事はそれを使う人間次第という面がある。しかし経営システムが機能している会社では、社員は創意工夫と熱意を持って最大限の努力をする気になるものだということを、付け加えておこう。

第2章

経営理念——これが我々のやり方だ

経営理念とは

一部の経営幹部、とりわけ成功している企業の経営者は、「わが社の経営理念」という言葉をよく口にする。「わが社の経営理念によればこれこれが必要だ」とか、「その判断はわが社の経営理念に反する」といった具合に。「わが社の経営理念」が社内に浸透していることが、彼ら経営者の前提になっている。

成功する企業では、この言葉が実に頻繁に口にされる。それは、目には見えないが何か確かな指針に従って社員が行動する、と経営者が確信できるからだろう。そうした目に見えない何かが着実に浸透していれば、組織にとっては実に大きな力となる。どの社員も「それは我々のやり方じゃない」と同僚に言われたらそのアドバイスは真剣に受け止め、上司から部下にその言葉が言われたら、それは命令と同等の重みを持つ。

実際に経営者は、どんな意味で経営理念あるいは経営哲学という言葉を使っているのだろうか。経営理念とは、企業内のあらゆる意思決定や行動の規範となるものである。そうした規範となる理念は、時には長い時間をかけ、試行錯誤を通じて組織内に育まれ、あるいは創業者や強力な指導者の強い思いとして、組織に深く浸透する。

ＩＢＭの会長を務めたトーマス・Ｊ・ワトソン・ジュニアは、経営理念を次のように語っている。

「競争を生き抜き成功を収めるためには、どんな企業も、あらゆる方針や行動の前提として確固たる信条を持たなければならない。私は固くそう信じる。成功を導く最も大切な要素を一つだけ挙げるとしたら、それは、この信条を誠実に守ることではあるまいか。

組織の基本的な哲学、精神、活力は事業の成功と密接なつながりがあり、その重要性は技術力、資金力、組織力、アイデア、タイミングなどをはるかに凌ぐ。もちろんこれらの要素も大切だ。だが社員が会社の哲学を深く信奉し、誠実にこれを実現することの方がずっと大きな意味を持つ（原注1）」

経営理念とは何か。ここにいくつか代表的な例を挙げよう。会社によってそれこそ千差万別だが、ここに掲げるのは優れた企業に共通して見られる五つの例である。

1　高い倫理規範の維持
2　事実に基づく意思決定
3　外部環境への適応と変化
4　実績に基づく評価
5　スピード重視の経営

優れた企業に共通するこれらの信条は、経営プロセスを支える縁の下の力持ちである。こうした経営理念が「我々のやり方」を示す指針となった時にどれほどの効果を発揮するか、以下で簡単に見ていくことにしよう。

高い倫理規範を維持する

高い倫理規範を掲げることの意義は、くどくどと論じるまでもないだろう。ここでは、見過ごされがちないくつかの点を指摘しておきたい。

高い倫理規範を掲げる企業は、次の三点で優位に立つ。

- 高い倫理規範を掲げる企業では、何があっても自分たちは正しいことができると自信を持てるので、やる気にあふれ、仕事の効率が上がる。どうすべきか迷った時も、いつでも倫理規範が頼りになる。こうした会社では、どの社員もいつでも安心して正しいことができると信じられている。そしてまたどの社員も、少しでも規範に外れた行為をすれば指弾されることを知っている。
- 高い倫理規範を掲げる企業は、優秀な人材をより強くひきつけることができるので、組織能力が高まる。優秀な人ほど信頼できる仲間を求め、疑わしい経営者を避け、高い理想を掲げる会社に魅力を感じる。そのため就職でも転職でも手間隙かけてそうした会社を探す。モラル面で劣る会社は、高い報酬を提示しても有能な人材を集められず、居着かせることもできない。

●高い倫理規範を掲げる企業は、いつも正しいことをしていると確信できるので、顧客、競争相手、さらには社会全体とよりよい関係を維持できる。何か行動を起こす時に一貫してモラルを問う姿勢から、好感度の高い企業イメージがかたちづくられる。顧客がどこから買おうか迷う時は、こうした企業が選ばれるだろう。競争相手もなかなか悪口は言いにくい。そして一般の人々からも倫理規範が高い会社の行動は受け入れられやすく、広告や発表も好意的に受け止めてもらえる。

化粧品の訪問販売大手エイボン・プロダクツを例にとろう。一九五四年以来エイボンの純利益は年一九%の割で伸び、一九六三年の投資利益率はなんと三四%にも達した。フォーチュン誌一九六四年一二月号の記事によると、「当時、巷には家庭の主婦に怪しげな品物を売りつける行商人が掃いて捨てるほどいた。だがエイボンの創業者デビッド・H・マコーネルは、そういう輩とは一線を画す決意を固めていた。そしてその決意を実行に移したわけだが、それは当時では非常に稀な例だった」という。彼の息子もまた父の高い理想を引き継いだ。この記事では三人の経営幹部の名前を挙げて、「マコーネルの高い理想が組織全体に浸透するよう尽力した」と称えている。

高い倫理規範はだれもが重んじるのだから、ことさら強調する必要はないと思われるかもしれない。だが私の見るところ、倫理規範はとかく当然と考えられ、あまり意識されないきらいがある。

企業の経営幹部は、高い理想をもっとはっきりと経営理念に織り込むべきだ。「私は誠実で信頼できる人間です」などと広言するのはいささか気恥ずかしいが、会社を率いる立場にいる人なら、固い決意を声に出して宣言すべきだ。それは営利を目的とする企業にとって、また収益を高めるための経営システムにとって、道を踏み外さないためのきわめて堅固な土台となるだろう。

意思決定は事実に基づいて下す

一時期高視聴率を誇った警察ドラマ『捜査網』（訳注・原タイトルは"Dragnet"。一九五〇年代、アメリカで大ヒット。今日でもDVDで販売されている）を覚えておられるだろうか。事件を次々に解明する主人公の名はフライデー。ロサンゼルス警察の刑事である。どんな事件でも、フライデー刑事は証人から直接話を聞こうと自宅まで足を運ぶ。警察手帳を見せられてたいていの人はぎょっとするが、そうすると彼は必ずこう答えるのだ。「ご安心ください、私たちは事実が知りたいだけなのです」。企業で意思決定の任にある人も、「事実」を知ろうと努めるべきである。当たり前じゃないかと思われるかもしれない。だが事実に基づいて意思決定を下すことが経営理念としてどれほど大切かは、いくら強調してもし足りない。

もちろんどんな会社もある程度は事実に基づいて決定を下している。だがその程度では、必ず失敗すると断言してもいい。他の多くの経営コンセプト同様、「事実に基づく」というこのアプローチも、その徹底の度合い次第なのである。それを測る物差しとして、「何が正しい」ではなく「だれが正しい」という声が社内でよく聞かれないか注意してみるとよい。

多くの企業を見てきた私の経験から言うと、事実に基づいて戦略を立て決定を下しているのは一握りの企業に過ぎない。たいていの問題について、自分の考えを改めようとしない経営陣が多すぎる。「もう心は決まっているんだ。事実がどうだこうだとうるさく言うのはやめてくれ」が彼らの決まり文句だ。多くの経営幹部が自分の意見や判断の正しさを過信し、事実を無視あるいは軽視する。それどころか自分の考えと正反対の事実に部下が注意を促そうものなら、激怒する人さえいる。

ある企業の例を紹介しよう。この会社は業界トップの売上高を誇り、伝統ある販売網こそ貴重な財産だと経営幹部が信じきっていた。販売店を大事にすることが同社の大方針であり、経営陣は売上げにこだわるあまり、製品の性能やユーザーの動向が示す事実をないがしろにした。そして販売店が担当地域でシェアを維持していさえすれば、好きなようにやらせていた。

だが何年か経つと利益が大幅に減少し、CEOを交代させる事態に陥る。新任のCEOは、問題の根本は経営陣の誤った固定観念にあると診断を下す。そして「あらゆる意思決定に際しては、先入観なく事実を重視する」という方針を決めた。この処方箋は製品にも販売網にも劇的な変化をもたらし、一部では売上げが落ち込んだが、その一方で利益は大幅に上昇した。さらに長期的には、製品の性能や顧客サービスが向上したおかげでシェアも拡大したのである。こうした変化はどれも、CEOから現場に至るあらゆるマネジャーが事実に目を向けたことから始まった。事実を見つめ、客観的に評価し、それに従って行動することが、この会社の習慣として定着した。

ゼネラルモーターズ（GM）の例も、事実に基づくことの大切さを教えてくれる。当時GMの社長であり、後に国防長官を務めたチャールズ・E・ウィルソンは、事実に基づく意思決定がいかに大切かを次のように強調している。

「理性のある人間が事実を把握すれば、どう対処すべきか結論を下すのは難しいことではない。だからGMでは、問題が持ち上がったら何よりもまず事実を知ることから始める。急いで決めることは意識的に避ける。だから事実を明らかにできるのだ。事実の解明に力を貸せる社員は、だれでもこのプロセスに参加できる。そのせいで時間がかかりすぎたということはない。目の前が火事というときは別だが、たいていの場合はいくらかの余裕はあるものだ」

この六年後の一九五五年、自動車業界の販売慣行を調査していた上院小委員会は、当時GMの社長だったハーロウ・カーティスに証言を求めた。そこでカーティスは、GMの成功要因を四つ挙げたが、その一つが事実に基づく意思決定だった。その部分に関する彼の言葉を引用しよう。

「GMが今日の成功を築くに至った第二の理由は、問題に取り組む私どもの姿勢、心構えにあります。GMでは事業のあらゆる段階に、事実を徹底的に調査する仕組みが採り入れられています。まずあらゆる事実を集める。次に事実が何を指し示しているのかを分析する。そして、たとえそれが未知の領域を指し示していようとも、敢然として従う勇気を持つということです。GMは現状に満足することは決してありません。どんなことでも、たとえば製品、製造プロセス、業務手順あるいは人間関係など、あらゆることが改善可能であると考えています。

GMのこの姿勢を端的に表す言葉は、おそらく「探求心」ではないでしょうか。

自画自賛で恐縮ですが、GMではこの探求心が豊かに育っていると私は確信しています。私どもはあらゆることを今よりよくしようと努めているのです」

そして、それから九年後の一九六四年。スローンは『GMとともに』の中で同社の経営理念に触れ、事実に基づく意思決定を特に強調している。彼の文章を引用しよう。

「GMの経営理念の基本は、事業上の判断を下す時にあくまでも事実に基づいて行うということだ。とは言え、意思決定の最後の瞬間は直感的なものではあるが。事業戦略や方針決定の質を高める理論的な方法はさまざまあるが、経営上の判断を下す時に何よりも大切なのは、事実を認め受け入れることだ。技術や市場など常に変化するものをありのままに認めることが大事なのだ。

GMには客観性を重んじる気風、困難な試みを楽しむ雰囲気がある。GMの偉大なところのひとつは、客観的な組織として設計されているということだ。個人の主観に振り回されて道を見失うような企業ではない。

常に主観を打破しようとする気構えは、組織の健全性にとって非常に大切である（原注2）」

GMの三人のCEOが一五年の歳月の間に語った言葉から、同社の成功には事実に基づく意思決定が大きな役割を果たしてきたことがうかがわれる。私が実際に見てきたとおり、GMでも日々下される決定においても、このような熱心さで事実の探求が行われている。

事実に基づく姿勢は、何か規則をつくって強制できることではない。事実を確かめ、調べ、事実に従う過程でしかこの姿勢は育たないからである。

理想的には、そうした姿勢はトップから始めることが望ましい。高い地位にいる経営陣ほど、お手本として説得力がある。だが事業部長が自分の事業部に、チーム・リーダーが自分のチームに、事実第一の姿勢を取り込むこともちろん可能である。責任者が事実にこだわり事実に従えば、部下もそれを見倣うので、モラルは向上し、業績も自ずと改善されるはずだ。

とは言え、経営幹部は事実がどれほど簡単に遮断されてしまうかを、よくわきまえてほしい。自分の決心はすでに固まっているのだとか、自分の経験にケチをつけるなとか、事実だけがすべてではないなどという素振りを少しでも示そうものなら、部下からは事実が伝わってこなくなる。事実を隠しているとは、まさか部下は言うまい。だが皆がイエスマンになり、いかにも事実と一致しているような素振りで上司の判断に同意するようになる。そして上司は事実に基づいて決定しているのだと思い込んでしまう。

大規模な企業では、事実を重んじる姿勢を絶えず経営幹部が奨励しなければならない。意思決定者のところまで何段階も経て事実が伝達されるような場合、お偉方の機嫌を損じないように事実が隠蔽されたり、歪められたり、うやむやにされる危険はかなり大きい。だから経営幹部は、常に事実に心を開くよう努めなければならない。さもないと実際に何が起きているのかが見えなくなってしまう。自分は事実を求め事実に従って行動するのだというメッセージを絶えず発信していないと、大きな問題が上がってこなくなり、意思決定の質が低下し、事業が周囲の状況にそぐわなくなっていく。

逆に事実第一主義がすみずみまで浸透し積極的に活用されるなら、事業経営に大いなる威力を発揮するはずだ。どんな効果が期待できるか、簡単に説明しておこう。

●意思決定の質が上がる

事実を見過ごし、無視し、軽んじると、あとになって事実そのものから冷酷な報復に遭う。いくら判断力に優れた経営幹部でも、フライデー刑事のように事実を知ろうとしなければ、正しい決定は下せない。事実を見逃さず常に受け入れる気持ちがあれば、事実を重んじる気風が根づき、検討や討議の質が上がり、最終的には意思決定の質も高まる。

●高い柔軟性が備わる

事実に基づく姿勢が定着した会社では、新しい事実が明らかになった時、それに応じて計画や決定が変更される。新しい事実の出現は前に下した決定を自動的に覆す根拠となるわけだから、決定変更は決して心変わりではない。経営者は事実が示す道にひたすら従うだけなのだ。こうした姿勢が定着すれば、いつも現状に応じた再調整が行われることになり、それが事業経営を成功に導く大切な要素となる。

技術変革の激しい現代にあっては、事実に基づく姿勢はとりわけ大きな意味を持つ。変化への対応は、新しい条件すなわち新しい事実への対応にほかならない。カーティスの言葉のとおり、「たとえ事実が未知の領域を指し示していようとも、敢然として従う」勇気を企業は持たねばならない。

●モラルが高まる

事実を尊び客観的に見つめる姿勢が全社的に浸透すれば、上下関係の垣根は必然的に取り払われていく。「事実の前には皆平等であり、だれもが事実を求め事実と向き合い、事実が教えることに従う」という考えを社員が共有するならば、事実を伝えることが奨励され、耳に痛い事実も部下から上司へ進言しやすくなる。事実第一主義が定着している会社は、上下の隔てがなく和気藹々としているのが特徴だ。「だれが正しいか」ではなく「何が正しいか」を見極めようとすれば、自己主張に代わって建設的な議論が行われるようになり、個人的な不和や衝突は姿を消していくからである。

外部環境に応じて自ら適応し、変化する

優れた経営理念を構成する要素の一つとして、事業に影響を及ぼす外部からの力や事業環境の変化に常に反応することが挙げられる。これは、事実に基づく姿勢の一種と言えるだろう。と言うのも、会社に働く力とは、事実――それも重要な意味を持つ事実――にほかならないからである。

有能な経営幹部は、経営目標、戦略、製品、社員、生産能力などに影響を及ぼす外部要因に絶えず自社を適応させていく。この外部の力とは、経済情勢のこともあれば、競争環境、技術、規制、社会、政治などさまざまである。法律が改正されたり、市場、顧客の価値観、競争条件、世間一般の考え方が変わったら、企業は戦略や製品、組織や社員などを変えていかなければならない。たとえばコストが上がったら、価格、製法、工場、賃金、販売費、組織に修正の必要が出てくるだろう。外部から作用する力が非常に大きい場合には、小手先の戦術ではなく戦略を変える必要がある。

ダースティン・アンド・オズボーンの社長だったトーマス・C・ディロンは、恐竜（ダイノザウルス）の例を挙げてこのことを説明している。

「あらゆる生物同様、会社も環境に適応しなければならない。それに失敗したら、死ぬだけだ。

企業の死はダイノザウルスと似ている。地球の急激な気候変動や他の動植物との生存競争に直面したダイノザウルスは、環境に適応できなかった。数世紀にわたる産業史の中で、多くの企業がダイノザウルスのように生まれては死んでゆく。死滅したのは、生き残りに必要なスピードで環境変化に適応できなかった企業なのだ（原注3）」

成功する経営とは、外に目を向けた経営である。このような経営が実践されている企業は、変化の必要性を教えてくれる事実をいつも鵜の目鷹の目で探す。外部環境に対する感度が高く、とりわけ顧客のニーズ、価値観、考え方には敏感に反応する。結局のところ、事業の成功はそこにかかっていると知っているからだ。彼らは問題から目を逸らさないし、新しい商機はがっちりつかむ。

適応の必要性を教えてくれる例として、少々極端だが、製氷会社と馬車メーカーが挙げられる。電気冷蔵庫がアイスボックスを凌駕し始めたとき、一部の製氷会社は石炭販売に乗り換え、後には石油会社へと変貌を遂げたが、そのほかの多くは姿を消していった。また自動車登場後も生き残った馬車メーカーは数えるほどしかない。

一九六四年にニューヨークのファースト・ナショナル・シティ・バンクが行った調査は、戦略的な適応の重要性を裏づけるものと言えるだろう。一九一九～六三年におけるアメリカの製造業上位一〇〇社（資産額ベース）を取り上げたこの調査で、四五年間ずっとトップ一〇〇に名を連ねていた企業は半分にも満たなかった。一九四八～六三年の一六年間だけをとっても、五社に一社は上位一〇〇社の座を追われ、他のほとんどの企業も順位が大幅に入れ替わっている。

同行のニュースレター（一九六四年八月号）に掲載された調査報告は、「最後までリストに残った企業の多くは、経済情勢の変化にうまく適応してきた企業である。業界トップの座は永久に約束されているわけではない。変化の必要性に常に注意を払うことが求められる」と結論づけている。

企業は、次々に新しい優れた製品・製法・サービスを提供し、あるいは価格を引き下げて、消費者にも利益をもたらしている。だが繁栄を持続するためには自ら変化を起こすだけでなく、外から働く力にも心を開き、新たな事業機会を活用しなければならない。そして製品やサービス、生産や業務、組織や人事などあらゆる面で、戦略的・戦術的に対応していく必要がある。先頭を走る企業は自社に作用する力にどこよりも敏感であり、素早くそれに反応する。感応度と柔軟度の高い企業のお手本は、ダイノザウルスではなくカメレオンなのだ。

実績に基づいて社員を評価する

優れた企業は社員を行動や成果によって評価することを原則として、個人の資質や能力による評価を慎む。実績主義は経営理念のなかでも重要な要素の一つだが、その理由は、事実を重んじ主観を排除するからである。つまりここでも、事実に基づく姿勢と深く関わってくることがおわかりいただけるだろう。

社員を新たに採用する場合でも、できる限り過去の実績に基づくことが健全な判断につながる。偉大な心理学者ジョン・デューイは、人間の性格や基本的な能力は三歳までに決まると唱えた。親の立場になるとがっかりさせられる話だが、たしかにこの説はビジネスにも当てはまる。私自身、経験的に「明日の姿は、今日示されている」と感じている。

つまり将来の姿を最もよく示すのは、その人の過去の実績なのだ。ある人が子供時代、学生時代、あるいは以前の勤務先で熟考するタイプだったら、新しいポストでも同じ能力を発揮するだろう。きわめて有能であったら今後もそうできると期待してよい。

ただしいったん採用した後は、その人のやったことを評価の対象とし、報酬や昇進の基準とする。「優れた人柄」だとか「高い学歴」といったものは、仕事に反映されない限り何の意味もない。もちろん、新たな任務や将来の夢に向けた、自己の能力は開発されるべきであるが、評価はあくまで実績を判断基準とする。

実績主義を経営理念に掲げることが好ましいもう一つの理由は、だれもが認めるとおり、これが公正なやり方だからである。公正な業績評価が広く浸透すれば、規律を徹底し経営システムの遵守を促すことも容易になる。業績評価が徹底されれば、個人の能力問題に向き合うことを本能的に嫌う傾向も自ずとなくなるだろう。

規律については後の章でも触れる。しかし何よりも重要なのは、「何をしたか」「どれだけよくやったか」によって社員を判断するという大原則が、経営理念として確立されていることである。このような評価方針は、是が非でも「我々のやり方」の一つとして定着させてほしい。

競争経済のスピードを常に意識する

英米両国の優れた企業経営を私なりに比較した結果、アメリカ企業では競争に対するスピード感覚が経営効率の向上につながっているとの結論に達した。そうした姿勢は、ほとんどの好業績企業に見ることができる。一九六一年、経済団体の会合で演説したエジンバラ公は、次のように述べた。「国際競争はもはや避けられない現実である。競争は次第に激化するだろう。将来の繁栄を望むなら、競争を恐れず立ち向かわなければならない。ほとんどの国がいまや競争相手なのだ」。

競争に素早く対応することに比べれば、経営のテクニックなどは二の次、三の次である。どれほど先進的な経営手法も、迫り来る競争を念頭において運用しなければ効果がない。ある国際的な経営会議の場で、当時GMの社長だったチャールズ・E・ウィルソンは次のように語った。

「GMの組立ラインや先進的な大量生産方式にびっくりする人が多い。そして、これこそアメリカ的生産システムの真骨頂だと考えがちだ。だが組立ラインを設置して先進的な生産方式を採り入れさえすれば、自動的にアメリカと同水準の生産性やローコストが実現すると考えるのは早計である。アメリカのシステムに潜むもっと根本的な要素を理解しないと、よい結果は望めまい。

それでは、アメリカの産業システムに潜む根本的な要素とは何か。何よりも重要なポイントは、アメリカ人が競争の現実を受け入れていることだ。個人同士の競争、会社同士の競争……競争があるからこそ、何百万ものアメリカ人労働者は、なんとかして今以上に優れたやり方はないか、また同じ努力でもっといい結果を出せないかと一生懸命になる（原注4）」

競争意識を徹底させるために経営陣にできることは何だろうか。競争に長けた経営者の特徴は、外部から働く力に常に注意を払うことのほか、次の点が挙げられる。

1　時間を無駄にせず、素早く行動する。時間を最も貴重な資源と心得ている。つまらぬことに時間を割かず、ひたすら目的達成を目指す。

2　情熱的である。部下よりも熱心で手際がいい。仕事の進め方のよい手本となるが、それは模範を示すためではなく、仕事に対する情熱があるからだ。

3　迷いがない。事実を集めて十分に考え抜いたら、すぱっと決断を下す。自分は間違いを犯すかもしれないが、ライバルだってそうかもしれないとわかっているので、無用な先送りより間違えるリスクを敢えて冒す。誤りを正す機会に注意を怠らなければ、時間を味方につけられることを知っているからだ。

4　機会を逃さず活用する。競争意識の高い幹部が大切にするのは、短所を直すことより長所を伸ばすことだ。相手を出し抜くより自社の競争優位を固めることに時間を割く。こうした幹部にとって、経営システムの存在は大変役に立つ。

5　問題を探し出して直面する。時間が経てば経つほど問題に対処するのが難しくなることを知っているからだ。とは言えすぐに解決できないような問題の場合には、まずは自社の強みを伸ばし、解決にふさわしい時を待つ。

6　人事をめぐる困難な決断にも尻込みしない。社員の処遇にも公正な決断をしない限り、経営システムが効果を発揮できないことを知っているだけだ。人事に関する決定は、公正でありさえすれば、不利益を被る社員にも驚くほど素直に受け入れられるものである。

7　シェアを拡大し利益を上げることに全力投球する。あらゆる行動の目的は長期的な競争優位を確立することだが、行動自体はすぐに起こすのが彼らの身上である。

スピード経営の大切さをよく知っている経営幹部の特徴を七つ挙げた。「いまやる」を常に心がけることが、競争の激しい利潤追求型経済で成功を収める秘訣の一つと言えるだろう。経営システムが顧客のニーズに応え仕事の満足度を高める最高の手段となるためには、テクニックより「いまやる」姿勢が役に立つ。しかし逆に経営システムは、「いまやる」姿勢に目的を与え、競争意識を養う。このような相互作用を通じて企業が成功する可能性は高まっていくのである。

経営理念を掲げる

企業理念とは自然発生的に生まれるのを待つのではなく自ら掲げるべきものだという考えから、成功している企業に共通する五つの要素を選んで紹介した。ここで紹介した例は、どんな企業にとっても健全な土台となるものである。これらの理念に、それぞれの組織にふさわしい信条をつけ加えてはどうだろうか。単なるガイドラインを超えた普遍的な信念を選ぶのだ。

とりたてて努力をしなくても、どの企業にも徐々に基本的な考え方は生まれてくる。社員が試行錯誤して「我々のやり方」を見つけ、学んでいくからだ。だが経営トップが自ら進んで健全な経営理念を打ち立てるなら、それは経営システムの礎となり、あらゆるものに影響を与える思想となるだろう。

会社としてどんな理念を掲げるにせよ、社内にあまねく根づかせるためには、経営トップが行動で示すべきことは言うまでもない。だが理念が実際に生かされるためには、経営幹部のお手本以上の何かが必要だ。経営幹部が理念を絶えず強調し、現実に直面している問題を経営理念に照らして考えること。どんな行動が会社の信条に一致しどんな行動は反するのかを部下に教えること。上に立つ人のこうした実践や指導を通じて、経営理念はより堅固なものとなる。

第3章

戦略

――我々はこの道を進み、こう戦う

一九六一年のある日曜日。私はロンドンから帰ってきたばかりの同僚と食事をしていた。彼がイギリスで最高に感激したのは、どうやらステンレス製の剃刀だったらしい。その刃がいかに鋭くいかに長持ちするかをひとしきり喋った後、彼はウィルキンソンの剃刀をポケットから取り出し、試してみるようしつこく勧めた。私は従った。――そしてさんざん聞かされた誉め言葉でもまだ足りないと思ったものだ。

その数週間後、私はロンドンに行き、薬局でウィルキンソンの剃刀を買おうとした。ところが「あいにく品切れでございまして」と慇懃無礼に断られてしまった。常連客でさえ滅多に買えないのだ。ロンドンの事務所長など、どこかで見つからないか秘書に薬局回りをさせるという。

ウィルキンソンの剃刀はなぜこれほど成功したのだろう。それは使った人がこぞって抜きん出た品質を認めたから、需要が供給を上回ったのだ。以来、このサクセス・ストーリーは語り種となっている。業界の巨人ジレットに挑んで勝利を収めた新参のウィルキンソンは、もはや伝説的存在と言えるだろう。ウィルキンソンのように鮮やかに狙いを定め競争力を磨くにはどうすればいいのか。事業の針路と重点競争分野を決める作業は、どんな企業でもまず戦略を立てることから始まる。

計画立案プロセスとは

戦略の立案は、実は全社の計画立案プロセスの一段階に過ぎない。そこでまず、プロセス全体について考えてみよう。ごく普通の言葉で言うなら、計画を立てるとは心を決めることである。何をどんなふうに実現するのか、どんな日程でどれくらい費用をかけるか、などを決めることだ。おそらくだれもが毎日の生活のなかでそうした決定を下しているだろう。

人間は大昔からずっと、自分の生活環境に働く力を理解しようと努力してきた。こうして得られた知識の助けを借りて、自分にとって不利な力から身を守り、有利な力を利用するのだ。この意味で、人間は自らの環境に作用する力を理解し対処できる範囲に限れば、自らの運命を自ら選び取ることができる。もしも運命の大きな力に身を任せてしまうと、挫折と無力感を味わうだろう。

同じことが、企業の計画立案にも当てはまる。経営者は事業を運任せにしてしまうこともできれば、信頼度の高い経営手法を適用し、自らの命運を自ら制することも可能だ。とは言え会社の将来に関わる決断を下すのはきわめて複雑な作業である。いくつもの経営資源が絡む決断には多くの人間が介在し、計画の実行にもたくさんの社員が関わる。したがって事業環境を評価し対応策を計画するにあたっては、何らかの手順が決まっていることが望ましい。

事業は行動を伴い、行動は計画を必要とする。計画立案の手順が決まっていない場合、日々の仕事に追われながら、よく考えもせず大あわてで計画を立てることになってしまう。これでは業務上の決定を下すのと変わらない。会社全体の計画が組織的に立案されず社員に正確に伝えられない場合、各部門の責任者は、会社の目標や戦略を自分なりに解釈して部下に指示せざるを得ない。こんな調子でいろいろな決定が下され、それが積み重なって会社あるいは事業部の計画になる。実際、たいていの会社はこんな具合に経営され、それで何とかやっている。

私が見てきた限りでは、大半の企業で計画立案が経営プロセスとして十分に確立されていない。実は計画立案はいまなお経営学の未知の領域の一つである。注目されるようになったのはごく最近のことに過ぎず、標準的な手法もまだ確立されていない。したがって計画立案についてこれからお話しすることは、主に私自身や同僚の考え、経験に基づくものであることをお断りしておく。

個人が計画を立てる時と、企業の経営者が計画を立てるときの類似点をもう少し考えてみよう。自分の将来を決めようとするとき、たいていの人が両親や先生、妻（または夫）、友人にアドバイスを求めるだろう。だが最後に決めるのは自分自身である。ビジネスでも同じだ。たとえば事業部長はスタッフ、部下、コンサルタントなどから意見を聞くことはある。だが最終的には事業部長自身が決断を下さなければならない。計画立案スタッフは彼を助けることができ、またそうしなければならないが、最後的な決断の責任は事業部長の双肩にかかっている。

企業では、製品別・サービス別の事業ごとに計画を立てる。それとは別に、会社全体の計画も必要だ。つまり計画立案プロセスとは、事業単位、そして会社全体のための計画を立てるプロセスである。本書で取り上げる計画立案プロセスでは、会社の経営幹部と各事業部の長が定期的に集まって会社全体と事業部の計画を話し合う機会を持つ。これがこのプロセスの最大のメリットと言えるだろう。そこでは問題点と機会の両方について、さまざまな観点から自由な発想で話し合う。

このような計画立案の意義について、大手化学品メーカー、セラニーズ・コーポレーションで会長を務めたハロルド・ブランケは次のように話している。

「今日の企業経営では計画立案がきわめて重要であり、優れた経営者はそのために多くの時間を費やしている。セラニーズも例外ではない。計画を立てるからこそ、変革が可能になるのだ。計画を立てるためには予想を立て、実行手段を練らなければならない。計画立案は、優れた発想や価値を引き出し成長のための最善の方法を見つける最も効率的な手段である。

長期的な視点に立った計画のおかげで、セラニーズは主要事業を国際展開した初の化学品メーカーとなった。わずか一年足らずで三つもの新たな関連分野に進出し、一九六五年の売上高は六一年の二・五倍にも達している。

計画は成長を支える知の柱であり、計画立案は未来へのプロローグだ。計画立案はごく少数の人間が独占するのではなく、組織にいる全員の仕事である。セラニーズの繁栄の道案内をするのが計画である。緻密な計画は、セラニーズの未来を支える重要な柱の一つなのである（原注1）」

計画立案の三段階

企業における計画立案のプロセスは連続的なものだ。まず大きな経営目標を定め、次に経営目標を目指す過程で節目とすべき到達目標を設定する。続いて到達目標を達成するための戦略を立て、戦略を実行に移す事業計画を策定する。さらに事業計画を単年度の詳細な業務計画に落とし込む。計画立案という作業の性質から言って、これらのプロセスを分割して取り扱うのは難しい。ちょうど色のスペクトルと同じように、あるプロセスは次のプロセスに溶け込んでいる。一つのプロセスだけを取り出そうとするのは、赤がオレンジに変わるポイントを見つけようとするようなものだ。

こうした事情から、計画立案を便宜上いくつかの段階に分割する場合、分け方は会社によって違ってくると考えられる。ともあれ社員全員に関わってくるプロセスだから、社内でコミュニケーションが取りやすいよう、単純明快な手順を決めておくことが望ましい。計画立案の手順は、わかりやすいガイドブックかマニュアルのかたちで文書化しておくといいだろう。

計画立案のプロセスを論じるに当たっては、手続き的なことに深く立ち入るつもりはない。まず最初に計画立案プロセスを簡単に説明し、用語の解説をする。その後はケーススタディを通じて、実際にどのように活用されているのか紹介していこう。計画立案プロセスをいかに分割しどんな手順で進めるかは、それぞれの企業がやりやすいかたちで決めるのが一番である。

ちなみに私の経験に照らすと、次の三段階に分割するのがわかりやすく運用しやすいように思う。

戦略計画（本章）

戦略計画のなかには、全社・事業部・事業ごとの経営目標を定めること、それに沿って到達目標を設定すること、到達目標の達成に向けて戦略を立てることが含まれる。事業部制を採る会社では、全社と事業部単位それぞれについて目標と戦略を立てる。
全社レベルの戦略計画はCEOが率いる経営チームが担当し、会社の経営資源——人材、資金、技術——を最適配分するという最も重要で困難な意思決定を行う。決定は、事業部単位の業績予想、全社にとっての事業機会を考慮しつつ、会社全体の経営目標と戦略に基づいて下す。会社と事業部の戦略計画は下位の計画立案の土台となるので、必ずはっきりと文書化する。

事業計画（第7章）

事業計画は計画立案の中間段階に当たり、二〜三年程度のタイムスパンで戦略計画を事業部別・事業単位別の計画に落とし込んでいく。この事業計画が単年度の業務計画の基礎となり、業務計画は予算編成の基礎となる。事業計画は計画立案プロセスの要であり、根拠となるデータを添えて明確に文書化する。事業計画は全社レベルの戦略計画に客観的な根拠を与えるだけでなく、事業単位ごとに立てられた戦略計画の妥当性を検証し、修正が必要な箇所を洗い出す役割も果たす。

業務計画（第7章）

業務計画は、二〜三年にわたる事業計画を年間計画のかたちに分割したものである。業務分担や行程表が盛り込まれ、この計画に基づいて年間予算や設備投資が決められる。
事業部制を採る会社では、全社戦略はCEOが率いる本社の経営チームが立案し、最終責任はC

ＥＯが負う。戦略を事業部単位で実行する場合、事業計画の立案は本社では行わない。事業部の戦略計画と事業計画は事業部長が率いるチームが立案し、業務計画はそれぞれの責任者が担当する。すべての計画は本社経営陣の承認を得る。

第７章でも述べるが、事業計画と業務計画は同時に立てることが多い。色のスペクトルと同じで、両者は重なり合っているからである。だがこの二つを二段階に分けて取り組むほうがよい結果が出ると、私は考えている――実際には相当部分を渾然一体と進めることになるかもしれないが。

また戦略計画と事業計画は同じ情報を根拠にして立てることができるが、戦略計画には特に力を注ぐべきだろう。本書で戦略計画を先に取り上げ、事業計画・業務計画を第７章で扱う構成にしたのも、持続的な成長と利益の拡大には戦略がきわめて大切と考えるからである。

戦略計画とは

私が観察した限りでは、戦略計画に体系的に取り組む経営幹部は優れた結果を出す。彼らは「自分たちは何をしたいのか、激しい競争の中でどうすればよいか」を絶えず創造的に考え、事業の成否を分ける要因に常に注意を怠らない。すると会社は自ずと競争に打ち勝つ強力な武器を手にできる。そして業績や成果に常に目を向けていれば、手にした武器の威力が衰えることはない。

とは言え創造的な発想というものに手順や手続きはそぐわない。素晴らしい閃きは努力で生み出せるものではなく、手順を踏んだ組織的な思考法では代用できないからだ。だが計画立案プロセス、とりわけ戦略計画に本腰を入れて臨めば、天才的インスピレーションの助けを借りずとも、会社の成功に確実に寄与できる。戦略計画への取り組みを通じて、戦略的な思考の質は高まるはずだ。

戦略計画への系統的な取り組みにはほかにもメリットがある。競争力が強化されること、また複雑化する一方の事業環境に対応しやすくなることだ。

「戦略」という言葉は、読者もご存じのとおり軍事用語から来ており、指揮や作戦と関係が深い。辞書には「一国または国家連合の持つ政治力・経済力・心理的な力・軍事力を活用して、平時または戦時の政策を支援するための技術」と定義されている。この定義は、そのままビジネスにも当てはまる。すなわち経営戦略とは、「企業の持つ経営資源（人材、資材、資金、経営力）を展開して、競争環境で目的・目標を達成するための技術」ということになろう。

この定義は、戦略思考を理解する助けにもなりそうだ。なお企業経営の場面では、①戦略計画には戦略そのものの立案だけでなく目標の設定が含まれること、②企業の成功は売上高・販売量・シェア、投資利益率（本書では営業利益／総資産を使用）、優れた経営の継続性という三つの基準で測ることを頭に入れておいてほしい。戦略は、常にこの二点を踏まえて立てる。

つまり企業経営における戦略思考とは、「ダイナミックに変化する環境の中で、事業成功の本質を考え抜くこと」と言えるだろう。人に注目するなら、経営の戦略家とは「事業全体の持続的な成功に関わる基本的な条件に考えをめぐらす人」という言い方もできる。

戦略的に考える経営者は、ある出来事と事業全体の長期的成功との関係性を見抜き、その出来事の意味を理解する。そしてその出来事に対処あるいはそれを活用すべく計画や方針を決めていく。この点はいくら強調しても強調し足りないので、別の表現で繰り返させてほしい。戦略家は、重要な意味を持つ出来事を見抜く。そしてそれに対応しそれを活用できるよう、経営システムの構成要素――目的、戦略、事業計画、業務計画、行動方針、組織構造など――を軌道修正していくのである。

さて同じ軍事用語に「戦術」という言葉もある。戦術は、戦略を実行するための下位の計画と言える。また「戦術的」行動とは、「戦略のための行動や手段より重要度の低い行動、大きな目的のための小規模な行動、限られた目標のための行動」と定義できる。この定義もビジネスで有効だ。ちょうど到達目標が経営目標を支えるように、戦術は戦略を支える。戦術については、事業計画や業務計画の一部として第7章で詳しく取り上げる。

まず戦略の本質をより理解するために、長期計画、予想、予算との違いを簡単に見ておこう。

長期計画

いわゆる長期計画が戦略と同じように扱われることが多く、いささか紛らわしい。しかし、「長期」とは期間を表す言葉であって、計画の性質を表す言葉ではない。

しかも残念なことに、しばしば長期計画は一〇年も先の収益予想というかたちをとるケースが多い。そんな予想は役に立たないし、資料ばかり多くて戦略思考が少ない。多くの人は現在の延長線上に将来の事業も来ると思い込んでおり、基本的な前提を疑う、現在の戦略を問い直す、代案を考える、個別事業が全体に及ぼす影響を分析するといった思考をせずに、ただ漠然と将来を予測しようとする。だが一〇年先どころか三年先ですら見通せる人はいないのだから、そうした将来予測はまったく現実味に欠け、結果的には計画立案プロセス全体の信頼性を著しく低下させてしまう。

長期計画と戦略計画は断じて同じものではない。ある種の戦略計画、たとえば買収・売却・清算などは、数カ月でやってのける必要がある。とは言え経営目標は長期にわたることが多いし、基本戦略は一夜にして変わるものではなく、戦略計画は長期的な視点から取り組むことが望ましい。

予想

戦略を立てる時には予想が重要な役割を果たすせいか、予想と戦略を混同している人も多い。だが両者はまったく違う。予想は計画立案のあらゆる段階に関わっているが、最も重要な意味を持つのは業務計画の段階になってからである。

予算

業務計画を一定期間（通常は一年間）の収入、原価、支出、利益のかたちで表したのが業務予算である。予算は予想と戦略の両方に基づいて編成するが、予算自体は予想でもないし戦略でもない。

予算編成の時点では、販売予想や戦略を織り込むことになる。そのせいか、予算を組むついでに計画を立てるのが便利だと考えられているようだが、予算のおまけで立てられたような戦略計画や事業計画では競争で優位に立つのは難しい。

戦略計画とは何か、どんな利点があるのかを知るために、今度は政府の例を見てみよう。ここでもまったく同じ基本が適用されている。元国務長官のディーン・アチソンは、アマースト大学での講演で次のように語った。

「それでは、外交政策にはどのような姿勢で取り組むのが最も適切だろうか。それは、いわゆる戦略的アプローチであろうかと思われる。すなわち、さまざまな行動を常に最重要目標と関連づけて考える姿勢である」(原注2)

行動の指針としての戦略の価値は、南北戦争に対するリンカーン大統領の考え方からも読み取れる。ジャーナリストの非難に対し、リンカーンは一八六二年に次のように書いた。

「この困難な戦いにおける私の最も重要な目的は連邦を救うことである。奴隷制を存続させることでも崩壊させることでもない。奴隷を解放せずとも連邦を維持できるなら、私はそうするだろう。すべての奴隷を解放することでこの目的が達成できるなら、私はそうするだろう。一部の奴隷は解放し一部はそのままでも連邦が維持できるなら、私はやはりそうする。奴隷制や有色人種について私がやることは、それが連邦を救うことにつながると信じるからだ。そして私が何かをしないとしたら、それが連邦の維持にはつながらないと考えるからである（原注3）」

戦略の大切さは、教育機関でも認められている。イェール大学の一九六四～五年の年次報告書では、当時学長だったキングマン・ブルースター・ジュニアが、教育こそ「我々の第一の使命」であると宣言した。彼自身の文章から一部を引用しよう。

「イェール大学の教育に方向性を打ち出し、長期にわたって本学の教育に対する評価を高めていくためには、学長と教員は教育目的と手段について戦略を立てなければならない。

戦略立案にあたっては、希少な資源をどのように配分するか、優先順位をつける必要がある。戦略を考えるときにもう一つ重要なのは、本学に本来備わっている、あるいは受け継がれてきた優れた点、足りない点を常に意識することである。教育機関としての知恵と節約の精神からすれば、何が得意で何は不得意かに注意を向けるのは当然と言えよう。

以上が、本学における教育方針に責任を持つ我々の考え方である」

政府や教育機関の例からも、戦略計画が何を目指すかがおわかりいただけたことと思う。それは組織を外部環境に適応させることであり、基本的な問題を解決することであり、あるいは制約条件に対処すること、先天的・後天的な利点を生かすこと、新たな機会をつかみ取ることである。

戦略計画を立てる

イェール大学の学長の言葉を借りるなら、戦略計画とは、組織が採るべき方向についての「考え方」である。企業が採るべき方向について戦略を考える時は、次の手順が最も系統的で望ましい。

1 戦略計画の説明責任はライン部門の長が負うものとし、最終責任はＣＥＯがとる。
2 戦略計画を事業単位と会社全体の二つのレベルに分ける。事業単位の目的と戦略は、すべて全社戦略の中に含まれる。
3 会社が行う事業領域を明確に定義し、それぞれに到達目標を定める。
4 それぞれの事業について、次の三種類の戦略を立てる。
- 市場戦略――重点市場セグメントを明らかにし、そこへ常によりよい製品・サービスをどのように提供するか。
- 利益戦略――製品・サービスの利益率をどのように高め収益を最大化するか。

●人材戦略――有能な人材、特に経営の継続性を確保するための優秀な人材をどのように集め、定着させ、育成するか。

戦略計画をこのように三分割すると、企業の成功を測る三つの基準（売上高・シェア、投資利益率、経営の継続性）とも合致する。それぞれの戦略計画には違った発想や情報が必要だが、一つにまとめるのはさほど難しくない。三つの戦略が一つにまとまって基本戦略となる。

5　戦略計画の責任者であるライン部門の長に補佐スタッフを配置する。

戦略立案プロセスで大切なのは、事実に基づく姿勢を貫くことである。重要な事実を見過ごしたり無視したりすると、あとで代償を強いられるだけでなく、破滅的な結果になりかねない。また事実に立脚しておれば、机上の空論に終わらず地に足のついた現実的な計画となる。なお戦略を立てる時には事業をめぐるあらゆる前提条件を疑ってかかり、創造性に富む代案を偏見なく検討する。

戦略計画の責任者はだれか

事業構成など会社全体のグランドデザインに関わる重要な戦略計画は、取締役会の承認を得なければならない。また事業部長の場合は、もう少し細かい点まで本社経営陣の承認を得る必要がある。それでも自分が率いる組織の戦略を決定あるいは提案するのは、あくまでＣＥＯの仕事である。この責任はだれかに代わってもらうわけにはいかない。これは指揮官の仕事だからである。

とは言えCEOは、戦略を決めるに当たって助けを借りることはできる。よい結果を出すためには、目標や戦略を日頃から意識しているライン部門の長で「シャドー・キャビネット」を組織するといいだろう。シャドー・キャビネットは、CEO配下の経営幹部五、六人程度で編成する。他の人を交えてもいいが、一〇人以上にならないほうがよい。

CEOは定期的――緊急に戦略の見直しが必要な大きな事件があった場合を除き年一回――にシャドー・キャビネットのメンバーとミーティングを開き、事業の見通しや競争の現状について踏み込んだ論議をする。ミーティングは、事業計画・業務計画を策定する直前に開くといいだろう。日常業務の慌ただしさから離れた場所、会社のオフィスではない所に集まるのがいいかもしれない。なおこの時に、市場戦略、利益戦略、人材戦略それぞれを検討の対象とする。

規模の大きい企業や事業部の場合には、シャドー・キャビネットに会社全体（または事業部全体）の計画に携わるスタッフ部門の長を加える（戦略計画の全段階を補佐するスタッフの総責任者が、スタッフ部門の長である）。シャドー・キャビネットのミーティングの前に、補佐スタッフは事実を収集し複数の戦略案を用意する。ただし実際の戦略計画は、意思決定であるから、必ずライン部門の長が行わなければならない。ライン部門長の直接的な関与が戦略を成功させるカギである。ライン部門とスタッフ部門が案を練る過程でお互いに刺激し合うので、驚くような妙案が飛び出す可能性が高い。

CEOが指揮官として戦略計画に関与すべき理由はほかにもある。大組織であれば、必ず変革に対する頑強な抵抗勢力が存在するものだ。好調な企業でも、変革を阻む障害はいくらでもある。時代遅れの組織、方針、手続き。能力の足りない社員、多すぎる社員。コミュニケーション不足、知識不足。固定化した習慣。既得権。出世欲……。

戦略の変更は業務の根本的な変革を伴うのが普通である。したがって戦略をうまく実行するためには、CEOの権威や指導力が不可欠だ。後の事例からもわかるように、優れた戦略計画は戦術的な巧妙さというより、タイミングと力強い行動の問題と言える。そしてここに適切に設計された経営システムがあれば、変革への抵抗を減らし、効果的な行動を呼び起こすことができる。

戦略計画はどのレベルで必要か

全社レベルの戦略計画は、新事業に進出する時しか必要ないと考える人がいる。すなわち買収や合併によって多角化する時や、新製品・新サービスを開発する時などだ。たしかにそうした決断は会社のグランドデザインに関わるものであり、周到な戦略計画が必要になる。だが正しい意味での戦略は、新事業だけが対象ではない。

ほとんどの企業では、計画をもっとよく立てさえすれば成功する機会が事業単位でたくさん見つかるはずだ。会社や事業部の中にはいくつもの事業がある。会社全体の成功を最大化するためには、グランドデザインを描く全社レベルの戦略が必要なのは言うまでもないが、それだけでなく、各事業ごとによい戦略計画が必要である。

また会社は新製品を自前で開発したり、既存企業を買収するなどして、新事業に参入する可能性が大いにある。全社のグランドデザインを描く時にも、そうした小さな事業について戦略的に考えることが望ましい。各事業はすべてジグソーパズルのピースよろしく会社全体のグランドデザインの中にはめ込まなければならないが、同時にまた各ピースにも、それぞれに堅実な戦略が必要である。コングロマリットは別として、一般の企業ではピース同士は戦略的に支え合うものである。

業界動向を分析し、自社のポジショニングを知る

経営目標や到達目標を設定し、市場戦略、利益戦略、人材戦略を策定する基礎として、所属する業界の収益動向を分析して会社・事業部のポジショニングを把握する。この調査分析の精度と深度が計画立案の成否を大きく左右する。

業界分析では、現在の実態よりも大きなトレンドに注目し、次の項目を検討する。

- 他業界と比較した時の売上高、コスト、価格、投資利益率の動向。
- 業界の収益構造。特に売上げ、資材、雇用状況、設備投資、市場への浸透、販売店の力など、収益性を左右する主な要素。

● その業界の参入しやすさ、しにくさ。
● 現在・将来の需要と生産能力との関係、またそれが価格・利益に及ぼす影響。

次に会社のポジショニングに基づき自社の売上高やシェアなどの動向を厳密に評価する。そして競争における自社の優位点・弱点を具体的に明らかにする。主要製品グループごとに強み・弱みを見きわめ、主要市場・セグメントごとに分析する。同時に新規参入企業としての影響力を分析する。

優秀な企業・事業部の経営幹部は事業環境や競争条件についてこうした事実に基づく評価を怠らず、業界動向や会社のポジショニングを変えるような動きに絶えず目を光らせている。彼らに共通するのは、変化の波に押し流されるのはやめ、会社を取り巻く環境にうまく適応していこうという固い決意だ。そのためアンテナを張りめぐらせて自社に作用する力を拾い出し、その影響を見定め、たくさんの選択肢を自由な発想で吟味する。彼らはまた分析結果を文書で残す。分厚い書類ではなく薄っぺらなレポートだが、そこには会社の命運を左右するような戦略上の決断を下す時に考慮すべき事項が簡単にまとめられている。

経営目標を掲げる

あなたの会社は何を目指すのかと尋ねられたら、たいていのＣＥＯは実感を込めて「儲けること！」と答えるだろう。

たしかに会社は事業を続けたければ儲けなければならないし、成功したければ相応の利益率を確保しなければならない。だから、利益を出すことが目標だという考えはなかなか説得力がある。しかしこのような見方は危険であり破滅的でもある。こんなふうに考えてはどうだろう――利益は買い手に価値を提供した見返りについてくるものである。そう考えたら、どんな事業の経営者ももっとよい決定を戦略的に下せるのではないか。利益を本来的な目標とは考えず、違う何かを達成する経営手腕の尺度ととらえるのだ。

経営の目標は価値ある製品・サービスを提供し、それによって売上げや利益を伸ばす資格を得ることである――こんな考え方が浸透すれば、戦略思考や意思決定の質は向上すると私は信じる。利益を目指すこと、利益を伸ばす資格の獲得を目指すこと――この違いはややもすると理屈っぽく聞こえるかもしれないが、両者の差はきわめて大きい。利益をこのようにとらえるなら、市場戦略・利益戦略・人材戦略についてももっと健全な考え方ができるだろう。

競争経済にあっては、利益は稼ぎ出さねばならない。この点はよく頭に入れておく必要がある。顧客、販売店、社員、株主への企業の貢献を相対的に測る物差しが利益なのだ。そしてこの貢献を最大化することが、長期的に利益を最大化する唯一の道である。このことを話し合っていた時、ある大会社の経営トップはこう叫んだ――「ああ、わかりました。利益そのものではなくて、利益を生み出すものこそ大切にするということですね」。まさにそのとおりである。

このことを、ジョン・カルバン・クーリッジ大統領は次のように表現した。

「どんな企業も単独では存在できない。企業はニーズに応え、サービスを提供する。それは自分自身のためではなく、他者のためなのだ。それができない企業は利益を得られなくなり、姿を消すだろう」

ゼネラル・エレクトリック（GE）の会長を務めたジェラール・L・フィリップは、「奉仕の心」と題するスピーチの中で、これと同じことを次のように語った。

「企業経営では、マーケティングや意思決定などの手法がますます高度化してきた。こうした中で改めて感じさせられるのは、人々の願望やニーズに可能な限り誠実に応えるのが結局は成功の王道だということだ。皆が何を欲しがり何を必要としているかを知り、それに誠実に対応していくなら、より多くの利益が上げられる。ただしこのとき社会的責任も大きくなることを忘れてはならない（原注4）」

会社あるいは事業部の経営目標——もっと感動的な呼称がよければ「使命」でもいい——は、時が経っても色褪せない明快な言葉で表すべきだ。「我々はこれを目指す」「我々がやりたい仕事はこれである」など、だれにもはっきりわかるような言葉が望ましい。そして会社はどうやって人の役に立ち社会に貢献するのかを明確にすべきであろう。

デュポンはこれを実践する企業であり、「化学を通じてよりよいものをよりよい暮らしのために」を社是に掲げている。この社是に反映された経営目標と戦略の下、デュポンは化学分野でダイナミックな成長を遂げてきた。それを支えてきたのが健全な市場戦略である。もう一つ優れた使命の表明を、IBMの一九六五年のアニュアルレポートから引用しよう。

「現代の企業、政府、科学、宇宙開発、教育、医療を始めおよそありとあらゆる人間の活動領域が抱える問題は複雑化する一方である。こうした問題の解決に役立つ機械や方法を創造すること、それが我社の使命である」

経営目標とは、時代を超えて輝き続けるような手の届かない遠い目標と言える。社員を導き動機づけるために、経営目標は曇りのない明確な言葉で語られなければならない。デュポンとIBMは共に人の役に立つこと、尽くすことを目標に掲げている。だから社員を鼓舞できるのである。

経営目標については後の事例で詳しく述べるが、その前に、あらゆる企業に共通のある目標に触れておきたい。それは、成長である。企業の成功を測る第一の基準、すなわち売上高・シェアを伸ばすには、成長が必要であることは言を俟たない。またあまり目には見えないが、有能な人材を集めて経営の継続性を確保するためにも成長が必要である。経営の継続性が企業の成功を測る第三の基準であることを考えても、長い目で見ればこちらのほうが大切かもしれない。成長がなければ昇進や昇給の機会がないので、有能な人材を居着かせるのは難しい。有能な社員が去るようになれば会社の衰退が始まる。そして最後は会社の死ということになりかねない。

成長が必要とされるのはこうした重大な理由からだが、経営システムを構築し運用する際にこの点が見落とされやすい。成長の意義を語りかけるのは社員の意欲を高めるうえで効果的だが、多くの経営者はそれを怠っているようだ。企業の生き残りのために成長がどれほど大切かが社内に浸透すれば、経営の意思は育まれ、社員一人ひとりの向上心が養われるだろう。これこそが、システムとしての経営が発揮する乗数効果である。もう一度簡単に言おう。市場戦略・利益戦略・人材戦略の基本となる成長重視の姿勢は、どんな事業でも経営目標としてしっかり意識しなければならない。

市場戦略を立てる

会社と事業部の経営目標が定まったら、戦略の立案はまず市場戦略から始める。市場戦略とは、顧客つまり製品やサービスを実際に使う人に価値を提供する方法を見つけることだ。それが結果的に売上げやシェアの拡大につながり、利益を増やす。

タイヤメーカーBFグッドリッチの社長を務めたJ・W・キーナーが市場戦略について書いた文

章を紹介しよう。

「企業の行動はすべて市場を向いていなければならない。企業に備わるあらゆる機能は市場のために使い、市場に合わせて調整する。研究開発、製造、財務、管理、人事その他一切は、常に市場を視野に入れて運営する」(原注5)

市場戦略を立てる時は、販売店、ディーラー、小売店など企業とエンドユーザーの間に介在する仲介業者も残らず考慮する。購買決定を下す人だけでなく購買決定に影響を及ぼすあらゆる要素が織り込まれているのが優れた市場戦略だ。したがって戦略計画の最初の手順としては、購買決定を下すのはだれか、影響を及ぼすのは何かを特定する必要がある。この部分は、市場戦略の材料つまり事実集めの段階と言える。

ただし市場戦略の主眼は、究極的には顧客すなわちその製品やサービスを実際に使う人でなければならない。購買決定を下すのも、決定に強力な影響を及ぼすのも、結局は顧客自身だからである。とは言え、できれば仲介業者にもアピールする戦略が好ましい。差別化ができず価格競争にならざるを得ないような商品の場合は特に、販売店など仲介業者への依存度が非常に高くなるからだ。しかし理想的には、市場戦略はまずは顧客から始め、生産者へと遡るかたちをとるべきである。

優れた市場戦略は、四つの戦略要素――性能、サービス、ブランド、価格――を中心に事実に基づいて組み立てられる。

もしも買い手が、ある製品の性能、サービス、ブランドの魅力に納得しないならば、その時は価格を下げるしかない。別の言い方をするなら、競争市場における価格に反映されるのは、製品の性能、サービス、ブランド力を合わせた相対的な競争力なのだ。これは、買い手から見た製品の総合価値である。事実を集め戦略を立てるのは、この総合価値の魅力を最大限に高めるためにほかならない。事業の競争優位がマーケティングを通じて得られると私が考えるのは、このためである。

それでは四つの戦略要素について考えてみよう。市場戦略の立案過程でこれらの要素が戦略思考にどう関わってくるのか、ケーススタディを通じて検討する。

1　性能

ウィルキンソンのステンレス剃刀の秘密は何だろうか。値段の高い製品を引っ提げて登場したウィルキンソンのような新参企業が、たいして広告の力も借りずに、巨人ジレットのシェアをなぜ喰うことができたのだろう。答えは簡単だ。使った人がすぐに気づくほど製品が優れていたからである。この意味で、ウィルキンソンの戦略は明らかに顧客中心と言える。そしてまたジレットも、市場戦略で反撃してきた。自社製品を改良し、刃と本体を一体化させた新製品を開発したのだ。

製品の性能を身上とするウィルキンソンの戦略には二つの要素がある。一つは、製品の性能が試験段階から実際に他社製品を上回っていたこと。二つ目は、その優れた性能がごく普通のユーザーにも直ちに見抜けたことである。その性能のよさがあまりに衝撃的だったので、敢えて広告をしなくてもクチコミが絶大な威力を発揮してくれた。

女性向けの分野では、ナイロン製のストッキングがウィルキンソンに負けず劣らず劇的な品質を旗印に市場参入を果たした。工業製品の分野では、蛍光灯がこれに当たる。これらの製品は、従来品を上回る価値、それも疑問の余地なく上回る価値を提供した。利益はその副産物に過ぎない。

人がある製品を買うのは、基本的には、それに競合製品よりも価値があると考えるからだ。具体的な価値（よく切れる剃刀）、抽象的な価値（足がきれいに見える）のこともあれば、金銭的な価値（長持ちする剃刀、破れにくいストッキング）のこともあるだろう。

製品の性能と一口に言っても、その意味するところは広い。よく切れるとか長持ちするなど競合品を上回ることがはっきりわかる要素に限らず、時流に合っているとか、デザイン性、ステータスなども性能のうちである。たとえば名門ブランドの高級な香水は、名の知られない香水に断然まさるのだ――たとえたいていの人にとって匂いに差がないとしても。パッケージングで性能に差をつけることさえ可能である。

サービス、ブランド、価格は別にしても、買い手がある製品を選ぶ理由はこのように実に多様である。ともあれ優れた市場戦略では、何よりもまず使い手にとっての性能を常に第一に考える。これこそが価値を生み出す最善の方法であり、企業に利益を手にする資格を与えてくれる。性能は、他をはるかに凌駕しなくともよい。しかし競争経済にあっては、性能の差が疑いの余地なくはっきり実感できなければならない。
戦略計画において製品がどれほど重要な意味を持つかについて、キーナーは次のように手際よく要約している。

「すべては、ユーザーのニーズやウォンツから始まる。製品の仕様、スタイル、大きさや重さ、品質、価格などはどれも、ユーザーのニーズやウォンツと一致しなければならない。マーケティングのこの基本条件を満たす企業が、今後最も成長を遂げる企業となるだろう」

一九五六年に上院小委員会に証人として呼ばれたゼネラルモーターズ（GM）のハーロウ・カーティスは、経営手腕の証しとなるのは高い投資利益率なのかと質問されて、こう答えている。「たしかにそれも経営手腕を示すものではあります。しかし我々は高い利益率だけでは満足しません。我々は毎年、よりよい何かをしなければならない。それは価値の向上あるいは価格の引き下げであり、そのどちらも顧客のためなのです」。

2　サービス

人がある製品を買うのは、サービスが競合他社より優れているという理由の時もある。サービスの優位性にもさまざまなかたちがある。製品が買いやすい、手に入りやすいのもサービスのうちだし、配送が早く確実なのもサービスだ。規格品でも、少量のパックになっているとか、ユニークな組み合わせで提供されるというサービスが考えられる。また製品を長く使えるよう、行き届いたメンテナンスなどの技術サービスが提供されるケースもある。どんな理由でも返品を受けつけるというのも、競争優位になりうるサービスと言えるだろう。

サービス戦略が活用されるのはありふれた商品、価格が勝負の工業製品に多いが、そうでない商品にも優れたサービスは有効だ。たとえばゼネラル・フーズとジョンソン・エンド・ジョンソンはどちらも倉庫・運送システムを整備し、少量多品種の組み合わせで迅速かつ安価な配送を実現している。

3　ブランド

人がある製品を好むのは、会社やブランドを信頼しているからということもある。なぜ信頼するのかと言えば、製品の性能やサービスに満足した経験があるからだ。たとえばある冷蔵庫を使っている友人から「この製品は全然故障しない」と言われてその冷蔵庫を選ぶのも、一種のブランドの力と言えるだろう。

広告がブランドや会社に対する信頼感を高める——実際の性能が広告と一致していることが条件だが——ケースもある。ほとんどの消費者が全国的に広告されるブランドを好むのもこのためだ。大々的に広告するような会社なら、品質やそのほかの性能の謳い文句も信用できるだろうと彼らは考える。

4 価格

買いたいと思わせるような明らかな優位を性能、サービス、ブランド面で提供できない時には、最後の手段として価格を下げざるを得ない。シェアを拡大し利益を確保しうる競争価値を生み出すために、値下げが必要だ。価格を下げれば粗利益率は下がり、投資利益率も下がる。これは、競争に打ち勝つ総合価値戦略を立てられなかった企業が払わねばならない代償なのだ。逆に価格を高水準に維持して高い粗利益率と投資利益率を謳歌できるのは、性能・サービス・ブランド面で明らかに優れた総合価値戦略を立てた企業に与えられる報償と言える。

もっとも、低価格であることを武器にする戦略も成り立ち得る。資材コストを引き下げ、業務の生産性を高め、優れた商品を廉価で提供することは、企業の本来的な営みである。

市場戦略の実際

それではいよいよ、企業が実際にどんな優れた市場戦略を立てているか、さまざまな業種について見ていこう。

自動車業界

アメリカン・モーターズ・コーポレーション（ＡＭＣ）は、財政的に苦況に陥った小さな会社が、競争の激しい自動車業界で一時的にせよ重要な地位を奪回した見事な例と言える。当時の自動車業界は、ＧＭが他を圧倒していた。ＧＭの一九六三年の売上高は一六五〇億ドル、対するＡＭＣはわずか一二億ドルである。

ＡＭＣは、ナッシュ・ケルビネーター・コーポレーションとハドソン・モーターカー・カンパニーが一九五四年に合併して発足した。当時ビッグスリーは大型でパワフルな車こそ消費者の望みと信じ込み、その「需要」に応えようとした。そのせいでビッグスリーが販売する車の価格は毎年七五〜一〇〇ドルも上昇し、ＡＭＣの安価な車や輸入車との差が次第に拡大していく。

ＡＭＣの経営陣は、このチャンスを見逃さなかった。小型車の経済性を売り込み、ガソリン喰いの大型車を攻撃。同社小型車の販売台数は、一九五七年に一二万台だったのが、一九六〇年には四八万台と着実に伸び、シェアも一・七％から七・一％へと拡大した。そして一九五九〜六三年の同社の利益は、年平均四一〇〇万ドルに達している。ある業界通によれば、「ＡＭＣの台頭は、アメリカ企業のサクセス・ストーリーのなかでも最も注目すべきものの一つ（原注6）」だという。ＡＭＣの経営陣が注目したのは、ランニングコストに対する消費者の関心が高まった結果、購買決定で重視する点が変わってきたことだった。また競争相手の製品ラインナップと小型車との違いも見逃さなかった。そして自社の小型車がこの間隙に付け入る余地があると判断したのである。

やがてビッグスリーは反撃し、外国メーカーも独自のコンパクトカーで対抗する。このケースは、現実的でわかりやすいメリットを提供する市場戦略によって強力な相手に対しても競争優位を確立できること、しかしそのメリットがなくなれば優位性も失われることを教えてくれる。

包装業界

段ボール箱や板紙製の箱など運送用の紙箱や折り畳み式紙箱類を手がける包装業界も、競争が激しい。この業界では大きく分けて二種類の戦略が活用されている。製材・製紙業に従事する企業は、基本的に垂直統合戦略を採用してきた。つまり、直接の顧客である紙箱メーカーを買収するやり方である。製材・製紙企業の多くは、紙箱事業を紙や木材を利用する部門と見なす。彼らにとって利益の源泉は紙と木材であり、紙箱のエンドユーザーを第一に考える戦略はとっていない。

これと対照的なのが、コンテナ・コーポレーション・オブ・アメリカ（ＣＣＡ）が採用した戦略である。同社の会長だったレオ・Ｈ・ショーンホーフェンは一九六三年に、自社の戦略を次のように説明している。

「当社は包装事業を手がけております。当社の戦略は紙の加工工程で最大限の価値を付加し、それによって投下資本利益率を最大化することです。

付加価値は、精巧な構造設計、人目を引くグラフィック・デザイン、高品質の印刷から生まれます。当社が利益率を高められるようこうした価値を付加してくれとお客様がおっしゃるわけでは、もちろんありません。しかし実際には、お客様は頑丈な包装、目立つグラフィック・デザインを求めています。それによって、店頭での訴求力や顧客満足度を高めることができるからです。

当社は業務の統合よりもマーケティング・サービスを重視します。当社は板紙、パルプ、パルプ用材を自社で生産するほかに、他社から調達もしております。したがって、使用する材料に融通をきかせることが可能です。業務を部分的にしか統合していないおかげで、工場を能力一杯まで稼働させることができますが、受注をある程度選択することもできます。このことは、当社の安定した一株当たり利益と密接な関係があると言っていいでしょう。一株当たり利益は一・七二ドルで、ピーク時から六％しか下落しておりません。

当社の主力事業は紙包装ですが、市場を広げ利益を伸ばす可能性のあるあらゆる包装資材に常に注意を払っています。そして実際にも、紙のほかにさまざまな材料が強化材や成分として使われるようになりました。

こうした戦略が有効であることは、当社の業績を見ていただければ明らかです。一九五六～六二年にかけてのＣＣＡの平均投資利益率は、大手六社の平均七・八％を上回る一〇・一％に達しました」

二つの戦略の差はきわめて大きい。一方は製材工場や製紙工場をフル稼働させることを重視するが、他方は直接の顧客のこと、つまり顧客企業の製品をできるだけたくさん売れるようにすることを考えている。そうすれば、結果的に輸送用の段ボール箱の需要も増えるからだ。

こうした顧客重視の戦略は、業務の運営にも多大な影響を及ぼす。ＣＣＡでは包装のデザインや包装機械の開発、包装そのものの研究に多くのスタッフが従事する。原料重視の戦略を採用する企業が研究をしないわけではないが、ＣＣＡほど大々的ではなく、消極的な取り組みに終わっている。歴史が証明するとおり、多くの産業で顧客重視の戦略は最も優れた成果を上げている。理由は、この戦略が顧客に最大の価値を提供するからである。

ファッション業界

ボビー・ブルックスは婦人服で最大手であり、最も成功を収めたメーカーの一つである。同社の一九六四年の売上高は八八〇〇万ドル、利益は七〇〇万ドルだった。次に掲げるウォール・ストリート・ジャーナル紙の記事は、同社の成功の一端を垣間見せてくれる。

「ボビー・ブルックスの戦略は単純明快である。まずターゲット層を特定する。ボビー・ブルックスの場合は一五歳から二四歳の若い女性、すなわち『ジュニア・ミス』である。次にできる限り綿密にターゲット層の好みを調査する。ターゲット層だけのための服をデザインし、ターゲット層だけのための販促活動を展開し、ターゲット層だけのためのファッションショーを行う。そして『ジュニア・ミス』専用売場を設けてくれた店でだけ販売するのだ。おかげで少女たちは、大勢の女性で混雑した売場ではなく、自分たち専用の売場で心ゆくまで自分の服を選べる。

零細企業が多く、どこも論理的なマーケティング戦略を持っていないファッション業界でこの戦略は功を奏し、ボビー・ブルックスは特別な存在となっている（原注7）」

こうした戦略のおかげで、同社は一時的な流行にとらわれず、販売方式を他社と差別化し、エンドユーザー向けの直接的な販促に力を集中することができている。過当競争と過激な値下げ、そして倒産率が異常に高いファッション業界で、同社の成功は際立っている。ここでもまた目を引くのは、業界慣行から断固として訣別しリーダーシップをとる戦略である。ボビー・ブルックスはあらゆる企業活動を戦略と一致させてゆるぎない経営目標を打ち出しており、それが消費者や小売店へのインパクトをいっそう強めたと言えよう。

サービス業界

一九六三年末、メリルリンチは合併したピアースやフェナーと合わせて（訳注：一九四〇年にピアース&カサットと合併、四一年にフェナー&ビーンと合併）一五〇のオフィスを北米を始め全世界に展開していた。顧客は一九四〇年に四万八〇〇〇人だったのが六三年には五〇万人まで増加し、同年度の売上げは一億七〇〇〇万ドルに達している（四二年は九〇〇万ドル）。またニューヨーク証券取引所で売買単位取引の一二％以上、端株取引の二〇％近くを占めた（四二年は前者が九・三％、後者は一〇・二％）。資本金は四二年の六〇〇万ドルから六三年には一億八〇〇〇万ドルまで膨らみ、純利益は一四万六〇〇〇ドルから一八〇〇万ドル近くまで拡大している。そして創業五〇周年を迎える一九六四年には、五〇件目の買収を行った。

この抜きん出た成功を実現した戦略は、創業者チャールズ・メリルの先見の明によるところが大きい。証券業界では富裕な個人投資家への依存度が次第に下がること、代わって多数の小株主の重要性が次第に高まることを、メリルはいちはやく見抜いた。

彼の戦略は一九四〇年に社是として掲げられ、それは「顧客の利益を最優先しなければならない」という言葉で始まっている。この方針の詳しい説明は、いまなお同社のアニュアルレポートの裏表紙に毎年掲載される（原注8）。

「メリルリンチはこの主張を独り占めするつもりはありません。なぜならどんな証券会社でも、その成功は、お客様にご満足いただけるかどうかにかかっているからです。この基本方針が証券会社の日常業務に反映されるならば、インサイダー取引というものが発生するはずがなく、特定の人に有利になるような情報操作もあり得ません。また自己の利益のために情報を秘匿し、意見が公正さを欠くこともあり得ないのです。あらゆる決定は、その取引で利益を上げられるかどうかではなく、それがお客様に価値を提供できるかどうかに基づいて下されます。当社の他の方針もすべて、この大原則の効果を高めることを考えて決められています」

マイケル・マッカーシーとジョージ・J・レネスが率いる経営チームのリーダーシップの下、これらの大原則は社是として掲げられ、社員の道しるべの役割を果たしている。経営の意思が希薄な証券業界にあって、メリルリンチは効果的な経営システムを持ち、創業者が提唱した戦略を実行し原則を守っている希有な例である。チャールズ・メリルはまた、スーパーマーケット業界からマッカーシーを引き抜く眼力も持ち合わせていた。マッカーシーとレネスは、経営システムを確立する構想力と決意の持ち主であった。

このように、メリルリンチが成功を収めたのも当然と言えるだろう。同社には、経営者のリーダーシップに支えられたゆるぎない経営目標がある。彼らは世界中のオフィスで働く数千人の社員を統率する意思を持ち、その意思を実践するために経営システムを整備した。そしてそのシステムは実際に会社を導いている。メリルリンチの経営システムを見ると、その重要な要素は戦略計画であることがわかる。同社の戦略は明確な文書として発表され、あらゆる社員にとって戦略思考と行動を導く指針となっている。同社のリーダーは経営システムを守り戦略計画に従うことを社員に奨励し、要求する。

サービス業界のもう一つの例として、出版業界に目を移そう。ここでもまた、戦略の大切さを実感できる。私見だが、世界に冠たる新聞・雑誌は英字紙誌では五つしかない。ニューヨーク・タイムズ、タイム、ニューヨーカー、ウォールストリート・ジャーナル、そしてイギリスのエコノミストである。いずれもライバルから羨望視される存在だ。

これら五紙の成功は、使命と戦略に首尾一貫して忠実だったことが原因である。読者層を明確に設定し、掲載記事の範囲やテーマはその読者層を対象とする。高い品質を維持し、テーマの扱い方に個性を打ち出すことで読者へのサービスを提供する、といったことがこれらの新聞の特徴だ。ニューヨーク・タイムズは深く掘り下げた報道が身上であり、他の四紙誌もテーマそのもの、表現の仕方、スタイルにはっきりした個性がある。いずれも一貫した目標と枠組みの範囲内で、常に新しく訴求力のある記事を提供し続けている。

出版業界の例は、事業の目的、事業のコンセプトに常に忠実であること（これは、経営システムが機能していることの証しである）の大切さを教えてくれる。定期刊行物は、読み手に繰り返しインパクトを与える。そうしたインパクトが蓄積した印象（好き・嫌い・どちらでもない）に基づいて、読者は買うか買わないかを決めるわけだ。そして大勢の読者の決定が積み重なって、発行部数、広告収入、シェアは増えもすれば減りもする。

製造業には、見かけから想像されるよりも証券会社や新聞社と似通った点が多い。と言うのも、企業はその商品、広告、社員などを通じ、顧客や見込み客の印象（好き・嫌い・どちらでもない）を形成するからだ。明快な戦略が確固たる経営目標の下で決定され経営システムを通じて実行されるなら、常に一貫した印象を与えられる。そして戦略が魅力的で確かな価値をユーザーに提供するものであれば、顧客はきっと「好き」になるだろうし、企業は成功を手にするに違いない。

メリルリンチや新聞社の戦略は、だれでも真似することが可能だ。彼らは、事実に基づくアプローチを採用し、どんなサービスを顧客が求めているか注意深く検討し、それを実現する戦略を立てて実行しただけである。その結果、ほとんどあらゆる機会に顧客に「好き」になってもらうことができた。

これらの企業の例は、経営システムの導入を考えるすべての企業の参考になろう。経営者は、自分の会社を「読者」のために編集される「出版物」と考えてみるといい。読者すなわち顧客や見込み客は毎日「出版物」を読んでは、購読を開始する・延長する・打ち切るのいずれかを決める。このように考えるなら、経営者は読者に与える印象をもっと魅力的で力強いものにするため、しっかりした戦略を立てて経営に乗り出したくなるだろう。

経営目標とグランドデザインを修正する

ウィルキンソンは経営目標を数回にわたって拡大、変更している。剃刀が流行遅れになって競争力が低下した時は、高級園芸鋏やステンレスの剃刀など高性能鋼を使う他の製品に力を入れた。これは基本的な強み（ウィルキンソンの場合は金属加工に関するノウハウ）を新製品に繰り返し応用する戦略だが、それに伴ってグランドデザインの修正が必要になるケースが多い。

そうした修正はなかなか難しいものだが、必要なノウハウや設備、販売組織などを備えた会社を買収してしまえば、難しさは相当程度緩和される。合併や買収には、もちろんほかにもさまざまな理由がある。収益の循環的変動を緩和する、成長を加速する、一株当たり利益を増やす、株価と株価収益率を改善する、等々。こうした理由から買収・合併熱が高まっており、全社レベルでのグランドデザインに関する戦略計画がますます必要になってきている。

ＦＭＣコーポレーションは、経営目標やグランドデザインの修正に優れた戦略を実行してきた企業の代表例である。同社は、長年にわたりＣＥＯを務めたポール・Ｌ・デービスの冴えた手腕の下で運営されてきた。当初はジョン・ビーン・マニュファクチャリング・カンパニーと呼ばれ、缶製造会社と噴霧器製造会社が合併して発足した。

ジョン・ビーンは缶製造会社一社と生野菜・果物の缶詰・瓶詰会社二社を買収。一九二九年には社名をフード・マシナリー・カンパニー（ＦＭＣ）に変更した。

ポール・デービスは、銀行勤務を経て財務担当として入社した。食品機械製造は循環的変動が大きく、それに伴って株価収益率も変動する。このことにポール・デービスは不満だった。そこで急成長中の化学品メーカーを買収して、事業の循環性を緩和し株価収益率を改善する決断を下す。

最初の買収が行われたのは一九四三年である。南部・東部州で事業を展開する殺虫剤・農薬のナイアガラ・スプレイヤー・アンド・ケミカルを買収した。同社の事業はＦＭＣの食品機械事業をうまく補完するものだった。一方ナイアガラは農薬メーカー二社（営業地域が違い、扱う殺虫剤の種類も異なる）を買収した。

続いて一九四八年にはウェストバコ・ケミカルを買収。その後オハイオ・アペックス、バッファロー・エレクトロ・ケミカル、ナショナル・ディスティラーズのフェアフィールド工場などを次々に買収する。一九四八年にはＦＭＣの化学品売上高は二〇〇〇万ドル、機械は五八〇〇万ドルだったが、五七年には化学品は一億三八〇〇万ドルに達し、機械の一億二五〇〇万ドルを上回った。

一〇年の間にＦＭＣの事業目的は大きく変わっている。循環的性格が是正され、業績の変動が抑えられて、株価収益率は大幅に改善された。経営目標の変更は二度にわたる社名変更にも表れている。一九四八年にはフード・マシナリー・アンド・ケミカル・カンパニーに、さらに一九六一年にはＦＭＣコーポレーションに改称した。

一九六三年、同社は大型買収を行う。アメリカン・ビスコース・カンパニーの事業資産を一億一六〇〇万ドルの現金で買収したのだ。この買収でＦＭＣはレーヨン繊維、タイヤ、テキスタイル、アセテート糸、セロハン・フィルムの製造販売に進出を果たす。アメリカン・ビスコースは、一九六二年の売上高がＦＭＣの売上高（五億六〇〇万ドル）の半分近くに達する大企業である。

一九六五年にはＦＭＣの売上高は九億二八〇〇万ドルを記録。内部成長と買収の結果、化学品・機械・繊維・フィルムのバランスがうまくとれた企業に成長した。同年の税引き後利益で見た投資利益率は一九％に達し、大手一〇〇社中一一位にランクされている。

ＦＭＣは、きわめて優れた戦略を実行した企業の代表例と言える。ポール・デービスは買収を通じて達成すべき目的をしっかり定め、長年にわたって多くの時間を買収計画の立案に費やした。私の経験から言っても、グランドデザインの変更にはＣＥＯの深い関与が欠かせない。同じ事業を長期にわたって経営していくうちには停滞し変化を嫌う風潮がどうしても出てくるが、それを克服する唯一の方法は、ＣＥＯが多くの時間を経営の仕事に充てることである。

技術革新に適応する

技術革新の波に襲われている産業は、それを利用するチャンスにも恵まれている。ただし技術の進歩が大きいほど、戦略も大きく変えなければならない。

技術革新のペースが上がれば、戦略の立案も当然スピードアップしなければならない。また、技術革新がもたらす機会をどのように活用するか、課題はそこに存在するのだ。

技術革新が企業でなかなか生かされない根本的な理由はいくつもある。まず、現在の注文をこなし、現在のやり方を手直しして効率を改善するだけで手一杯なこと。あるいは問題を認識し商機を把握する能力が不足していること。設計製造上の問題をクリアするだけの時間がない、新製品を市場に投入するのが難しい、新技術に対して社内に抵抗がある、製品の変更に対して消費者の側に抵抗感がある、等々だ。消費者が抱く抵抗感は心理的な抵抗感だけではない。新製品の導入に伴って物理的な問題が起きることが大いにあり得る。たとえばすでに持っている製品の部品が変更されたら、他の部品まで取り替えたり、製品そのものを買い替える必要があるかもしれないからだ。こうしたことから、技術革新を活用する戦略を立てるには、CEOの強力なリーダーシップが必要になる。

技術革新に対する戦略的対応の遅速が企業の生死を分けた顕著な例を、鉄道産業で見てみよう。ディーゼル機関車による蒸気機関車の駆逐は、最初はゆっくりと始まった。だがGMは鋭く将来を見越して戦略を立て、アメリカン・ロコモーティブ・カンパニー（ALCO）は対応に後れを取る。この差がモノを言ってGMは業界トップだったALCOを追い落とし、事業の七五％以上を買収するに至った。

ディーゼル機関車は欧州で誕生し、その後にアメリカに上陸した。最初のディーゼル機関車は、スウェーデンのGEが一九一三年に製作している。そして一九二三年には、アメリカGEとALCOが操車場での入れ替え作業用にディーゼル機関車を製造。本線用のディーゼル機関車は、一九三四年にGMが製作したのが最初である。

ここで、ボールドウィン・ロコモーティブ・ワークスの副社長だったロバート・ビンカードの言葉を引用しよう。一九三五年にニューヨーク鉄道クラブで行われた演説からの引用である。

「今日では蒸気機関車とディーゼル機関車に関してかまびすしい議論が巻き起こっています。これでは一般大衆が、蒸気機関車はすぐにも打ち負かされ退場すると考えるのも無理はありません。しかし鉄道では長年にわたってごく単純な基本原則が生き続けています。将来の鉄道は、電化はもちろんディーゼル化も現在以上には進んでいないでしょう」

また一九三八年にはALCOのCEOだったウィリアム・ディッカーマンが、西部鉄道クラブで講演している。彼は「蒸気機関車は走り続ける」と冒頭に述べた後、次のように続けた。

「周知のとおり、蒸気は一世紀にわたって鉄道の主要な動力源でした。それはいまも変わらないし、今後も変わらないと私は信じています。

他の動力源が登場してきたことはもちろんわかっていますし、それは当然の成り行きでしょう。それでも蒸気機関は、次々に現れる挑戦者を優雅に退けてきました。初期コストとランニングコストが安価な蒸気機関は、乗客の安全性や快適性をいささかも犠牲にすることなく、今後も引き続きライバルを凌ぐと確信しています。

長く活躍してきたこの鉄の馬は文字どおり火と水を吸って走り、電気やディーゼル機関などこの春に登場した若駒たちの挑戦を楽しんでいます。

鉄の馬は競走が大好きです。いつまでも若く、決して年老いることはありません」

だがこれらの演説が行われた時、すでに蒸気機関車は衰えを見せていた。一九二四年の製造台数は二〇〇〇輛だったが、一九三一年にはわずか二〇〇輛に落ち込んでいる。ALCOは純利益が激減（一九二六年は八〇〇万ドルの黒字、一九三一年は四〇〇万ドルの赤字）したにもかかわらず配当を払い続け、財務体質は著しく悪化していった。最後の蒸気機関車がALCOの生産ラインから送り出されたのは一九六三年だが、この時には同社は、GMの手に渡っていなかったディーゼル機関車事業を救うためGEとの提携を余儀なくされていた。すでにボールドウィンは完全に姿を消していた。そして一九六五年には、多角化に失敗したALCOはウォージントン・コーポレーションの一部門に成り下がってしまう。

このように劇的な世代交代が起きた原因は三つある。第一は、蒸気機関車メーカーの経営陣がディーゼル機関車の脅威を見誤ったことだ。この脅威は早くも一九一三年には姿を現しており、GMだけがチャンスを見抜いてモノにした。同社は技術的な優位性に加えて、サービスや財務面での市場戦略にも長けていた。第二に、蒸気機関車メーカーは、ディーゼル機関車の完成に欠かせない高度な研究開発力を育てられなかった。そして第三に、自分たちの優位が脅かされた時には、対抗するだけの資金が底をついていた（最初のディーゼル機関車を製作するまでに、GMは一一〇〇万ドルもの投資をしたといわれる）。

GMの電動モーター事業部長だったサイラス・R・オズボーンは一九五六年に上院小委員会の調査に応じ、鉄道事業の戦略を次のように要約している。

「当社は顧客の要求や傾向を正しく調査し評価したうえで、それに基づいて適切な時期に行動を起こした。ディーゼル機関車で当社が業界をリードできたのはこのためである。競合各社は競争力を失い、業界での地位も必然的に低下した」

ペンシルバニア鉄道のジェームズ・M・シムズ社長は、一九五五年九月七日にシカゴで行った講演の中で、次のように述べている。「鉄道の仕事をしてきて四〇年になるが、この間に経済と鉄道の両方に最も偉大な貢献をしたのはディーゼル機関車だった。ディーゼル機関車の開発でGMが重要な役割を果たしたことを我々は皆よく知っている。現在GM製のディーゼル機関車は一万六〇〇〇輛以上が稼働しており、合計で二三〇〇万馬力に達する。なかには走行距離が二五〇万〜三五〇万マイルに達した機関車もあるが、どれも性能にはまったく問題ない。ディーゼル機関車だけで年間五億ドルの節約になるのではないかと思う。初期投資は三、四年で元が取れる勘定だ」。

シムズ社長の感想は、ペンシルバニア鉄道だけでなく、鉄道業界全体に共通するものだろう。この業績は、革新的な製品に加え鉄道業界には目新しかった標準化やサービスなど新しいコンセプトの導入を通じ、誠実な努力の末に生み出されたものである。これは同社の貴重な財産であり企業の評判を保つ唯一の方法で、これからも維持されていくことだろう。その唯一の方法とは、よりよい製品・サービスを目指すたゆまぬ研究努力、先進的なエンジニアリング、効率的な製造にほかならない。

上院小委員会の報告書は、ディーゼル機関車を巡る状況を次のようにまとめている。

「GMの電動モーター事業部は製品革新を実現する機会を捉え、伝統的な産業である機関車製造業に参入した。この業界では、一〇〇年以上にわたって蒸気が主動力源として活用されていた。GMが最初のディーゼル機関車を納入してから九年と経たないうちに、ディーゼル機関車の受注は蒸気機関車を上回っている。そして一七年後には、蒸気機関車の製造は完全に打ち切られた。ディーゼル機関車は、鉄道産業に革命を引き起こしたのである。GMはこの進出によって、企業が進化する最高の範を示したと言ってよい。すなわち経済的ニーズを満たす新しい製品を開発して新規分野に参入し、その製品の価格を徐々に引き下げていったのである」

経済界にとってはありがたいことに、蒸気機関車メーカーが技術革新に対して示した反応の鈍さは全業種に共通というわけではない。対極的に反応の鋭い産業としては、航空、コンピュータ、エレクトロニクスなどがある。航空機やコンピュータはすでに何度も世代交代しているし、トランジスタに対するエレクトロニクス産業の対応は実に機敏だった。

素早く戦略的に対応する企業を見てみると、例外なくCEOが戦略計画の指揮権を握り、指導力を発揮している。たとえばアメリカン航空のC・R・スミスやIBMのトーマス・J・ワトソンが見せた大胆なリーダーシップのおかげで、両社は巨大な規模にもかかわらず、技術革新を俊敏に活用することができた。

技術革新のスピードが加速する一方の現代では、どんな経営システムにおいても戦略が果たす役割は重要性を増す一方である。したがってＣＥＯには、経営システムの基本要素である戦略計画においてリーダーシップの発揮が一段と求められるようになるだろう。

技術の進歩に後れを取らないような態勢を整えること。技術革新がもたらす脅威と機会を的確に評価できるような仕組みを用意すること。行動のタイミングを決めること。そして行動の時が来たら、リーダーシップを遺憾なく発揮して抵抗勢力や障害物を排除すること。そうしたことがこれからのＣＥＯには期待されるのである。

経営目標の対立を避ける

イギリス企業の調査をしていた時、私はある大手企業の幹部に、折半出資の会社——二つの会社がそれぞれ五〇％ずつ出資した合弁事業など——での経験談を聞かせて欲しいと頼んだことがある。すると彼は即座に答えたものだ。「何も話すことなどないね。とにかくそんな会社には関わらないことだ。五〇％所有するくらいなら四九％のほうがましだ。所有権が半分に満たないなら、経営責任はそちらだと組んだ相手にプレッシャーをかけられる。だが完全に対等だと、どちらも責任を取ろうとしない」。

さまざまなかたちで運営される折半出資会社の経営状態を数多く研究し、また多くの経営幹部と内密に話し合った結果、このような会社は本質的な欠陥を持つとの結論に私は達した。二つの異なる会社が同じ目的を長いこと持ち続けるのは所詮不可能なのだ。したがってそのような二社が出資する子会社は、別の道に進もうとする二つの親会社の板挟みになってしまう。その結果三者は不和解消の手段がないまま、のべつ対立することになる。

折半出資の場合、親会社が縄張りを確保しようとするため、経営陣の忠誠心も二分されやすい。CEOが二つの親会社から交代で送り込まれたり、どちらの陣営にも属さないCEOが一回限りのピンチヒッターとして立ったりする。いずれにせよ事業目的の対立や忠誠心の離反からさまざまな問題が噴出し、会社は身動きが取れなくなりがちだ。そうなると有能な人材ほど無力感に襲われ社内の駆け引きに嫌気が差し、目的の定まらない会社にいても将来はないと見限って去っていく。

折半出資の会社が繁栄する例ももちろんあるが、その場合にはすぐに増資の必要が出てくる。しかしその時には親会社が資金不足に陥っていたり、他の有望な使い道に振り向けたがっているケースが少なくない。親会社同士の関係は悪化し子会社は立ち往生する。

ここで、よく知られた合弁事業四社を紹介しよう。どの会社もそれなりに成功しているが、子会社の分裂症を治すために親会社の大胆な対策が必要だった点に注目してほしい。

エチル・コーポレーションは、GMとスタンダード・オイル・カンパニーが共同出資して発足した会社だが、最終的にはアルベマール・ペーパー・カンパニーに売却された。

ケムストランド・コーポレーションは、アメリカン・ビスコースとモンサントが折半出資するナイロン・メーカーである。最終的にはモンサントがアメリカン・ビスコースの持ち分を買収して完全子会社とした。

ブリティッシュ・ナイロン・スピナーズは、イギリスの大手化学繊維メーカーである。同社は長いことインペリアル・ケミカル・インダストリーズ（ＩＣＩ）とクートゥールズの折半出資会社だったが、最終的にはＩＣＩが全株を買収して完全子会社とした。

スタンダード・バキューム・コーポレーションは、国際的な大手石油会社である。同社には、同じく石油会社であるスタンダード・オイル・カンパニーとモービル・オイル・カンパニーが折半出資した。

非現実的な親会社の組み合わせから生まれた子会社は、共同出資形式に伴う軋轢に悩まされやすい。その多くは、親会社が現実を直視しなかったり、現状に疎かったりするためだ。

だからと言って、折半出資の企業が健全な戦略を持てないと主張するつもりはない。大手石油資本は共同出資方式を活用し、国際事業の展開に必要な巨額の資金を巧みに調達した。したがって、合弁事業に後日発生したコストも十二分に埋め合わされたと言えよう。とは言え合弁事業の計画を立てる前に、共同出資形式につきものの不都合は綿密に検討したほうがよい。そしてこの形式を採用した場合でも、当初の目的が遂げられなくなったら、打ち切りを視野に入れるべきである。

利益戦略を立てる

市場戦略が固まったら、ＣＥＯは利益戦略の策定に移る。市場戦略からおおよその利益水準がわかるので、それに基づいて利益戦略を立てればよい。市場戦略と比べると利益戦略では内部要因の重みが増すが、そこに働く外部からの力も考慮する必要がある。

とは言え「利益を上げる資格を得る」ことと、「潜在利益を現実利益に変える」ことはまったく別物である。潜在利益を現実利益に変えるために重要なのは優れた分析と資源の集中投入である。

利益要因の分析

第一段階では利益に影響を及ぼす要因を洗い出し、その相対的な重要度を分析する。目的は利益が実際にどのように生み出されるかを事実に基づいて正確に把握することであり、そのために収入・原価・支出の分析やそれぞれが利益に及ぼす相対的影響を評価する。事業ごとに損益分岐点を示すチャートを用意すると、販売量・価格・製品構成が利益に与える影響を一目で見て取れる。

効果的な利益戦略を立てるには、自社事業の収益構造をよく理解していなければならない。収支やコスト構造はもとより、それぞれが最終利益に及ぼす影響も把握する必要がある。優秀な経営幹部はそうしたことに精通しており、戦略を立てる時に重要な利益要因を真っ先に考える。

優れた利益戦略の見本として、航空貨物会社エア・エクスプレス・インターナショナル・コーポレーション（ＡＥＩ）の例を紹介しよう。同社の市場戦略は、荷主に総合サービスの利便性を提供するという目標に沿って立てられている。ＡＥＩは一回の個数がいくつでも快く引き受け、世界中どこへでも運び、通関申告から各戸配達までこなす。航空会社にとって、同社は余った貨物スペースを売りさばく格好の相手である。しかもＡＥＩはあらゆる書類作成を引き受け、運賃の請求から回収まで行い、ほかにもさまざまなサービスを提供してくれる。

ＡＥＩの利益戦略は、次の四点を柱にしている。第一に「原料」すなわち貨物スペースを有利な価格で確保すること、第二にそのスペースを十分なマージンを取って販売すること、第三にサービス提供のため世界各地にオフィスを展開しスタッフを常駐させること、第四にこのシステム全体を効率的に運用することである。主要なオフィスが展開されうまく稼働し始めれば取扱量が増えて利益が増大するが、この業界ではそれだけでは不十分である。業績を上げるためには、全体的な効率、すなわち費用対効果、生産性、コスト削減も考える必要がある。この点でＡＥＩはまったく抜かりがない。

上記の意味での全体効率は、どんな事業の利益にも貢献する。したがってどんな利益戦略でも効率を考えなければいけないが、効率の重みは業種によって違う点に注意してほしい。

以上をまとめてみよう。利益要因分析から、利益に影響を及ぼす要因とその相対的な重要度を特定できる。また全体効率の重要度もここから導き出せる。

優先順位の決定

利益要因分析に基づいて、利益を最大化するためにはどの要因がどれほど重要か順位をつけることだ。そして最も重要な要因には断固たる経営の意思を持って取り組まなければならない。たとえば重要度の高い要因が絡む事業には潤沢に資金を投入するとか、有能な経営幹部を充てるといったことが考えられる。

優れた企業は的を絞り込んだ利益戦略で市場戦略を補っている。その例を以下に掲げよう。

● デュポンは研究開発に力を入れている。同社の研究開発費は、絶対額で見ても他社との比較でも膨大だ。スタッフの量と質も抜きん出ている。研究開発の成果を高めるためにさまざまなインセンティブが用意され、業績評価もリンクされている。研究結果を製品化につなげる努力が常に払われていることも、デュポンの特徴である。
　デュポンの研究開発を重視する姿勢は内外に知れ渡っている。同社から次々に新製品が発表されるのは、膨大な時間、資金、人材、エネルギーを計画的に研究開発に注ぎ込む戦略の成果にほかならない。
● プロクター・アンド・ギャンブル（P&G）では、市場戦略でも利益戦略でも広告重視の姿勢が鮮明である。同社は年間広告予算の規模で常にトップグループにいる。予算だけでなく、経営陣が広告にかける時間や労力も相当なものだろう。P&Gの広告には先進的なコンセプトや手法が採り入れられ、広告予算の規模に見合った大きな効果を上げている。
● IBMはワンランク上の顧客サービスを提供する戦略を打ち出しているが、それを支えるのはトレーニングである。同社は自社製品の営業、設置、メンテナンスなどについて社員を教育するだけでなく、製品の使用方法について顧客企業の社員にまでトレーニングを提供する。優れた顧客サービスという同社の競争優位を生み出すのは、特に目新しい手法ではない。時間、資金、人材、エネルギーを戦略上重要な利益要因に一貫して集中させること、それだけである。

このように、業界の収益構造やその変化に応じてプレーヤーの戦略は変わってくる。たとえば石油業界であれば、川上から川下までで利益構造が変化すれば戦略も変わってくる。また多くの業種で合従連衡や事業統合によって事業構成が変わり、収益性が決まってくるのが普通だ。たとえばアルミ業界と製紙業界では似たような合従連衡現象が見られたが、この変化の意味をよく理解し戦略を軌道修正できた企業が、どちらの業界でも大きな成功を収めている。

これらの例から導き出される教訓は、単純だが実に大切である。成功している企業では、経営陣が会社全体や会社を構成する一つひとつの事業について利益要因をよく理解しているということだ。経営陣はこの点を見きわめ、重要な企業活動に優先的に時間、資金、人材、エネルギーを振り向ける。そして優先順位を与えられたマネジャーはやる気を出し、高い生産性を最適コストで実現すべく意欲的に取り組むのである。

人材戦略を立てる

産業界は世界的に有能な人材の不足に悩まされており、リーダーの育成がどの企業でも大きな課題となってきた。このため本書では、この問題を特に第6章で取り上げる。本章では、リーダー育成は戦略的に取り組むべきであることを指摘するに止めよう。つまり、リーダー育成のニーズを踏まえて市場戦略や利益戦略を調整する必要がある。

事業を成功させるために有能な経営幹部がいかに重要かは、改めて言うまでもないだろう。しかし幹部クラスの人材が本当に重要ならば、会社の基本戦略はこの点を考慮して立案し実行しなければならない。たとえば研究開発を重視する企業なら、単に技術系の高等教育を受けた人材を採用するだけでなく、彼らが定着し、やり甲斐を感じるような環境を整えることが大切だ。

経営陣は利益要因分析の一環として、コア事業における人材の重要性を評価するとよい。とりわけ大切なのは、現在および将来に必要なリーダーの質と量を評価することである。会社が必要な人材を集められず、モチベーションも与えられないようであれば、その会社の市場戦略も利益戦略も威力を発揮できない。

幹部の人事は会社の成否を決する重大事であるにもかかわらず、戦略的にこの問題に取り組んでいる企業はごく少ない。たとえば小売業や銀行業界では、優秀なビジネススクールの卒業生をなかなか採用できなくなったとぼやく声をよく聞く。しかし中には戦略的に取り組んで活路を開いている会社もちゃんとある。

たとえばアームストロング・コルク・カンパニーで長くCEOを務めたヘニング・プレンティスは、倒産しかかった会社を買収して多角化を進めた。その理由の一つとして、若い幹部社員に「経営を考える場を与えるため」と話してくれたことがある。会社の人事戦略が経営目標の幅を広げた例と言えるだろう。同社のこの戦略は、層の厚い経営幹部として結実している。

戦略で優位に立つ

クリフォード・バックストランドはヘニング・プレンティスの後任としてアームストロング・コルクのCEOを務めた。彼は、床材のトップメーカーとして自社がなぜ圧倒的な優位を誇るかについて大変興味深いことを言った。ここにその要点を紹介する。

「我々は、我々自身の戦略でトップを目指している。競争相手は我々が何をするかは真似られるが、我々がなぜそうするのかはわからない。だから我々ほどうまく戦略を遂行できない。人の物真似をしても、その会社の構想にぴったり合うはずがない。それに彼らが真似をしている間に、我々は先へ行く。真似をする競争者は必ず後れを取るのだ」

この指摘は、市場戦略、利益戦略、人材戦略すべてに当てはまる。経営目標と戦略に優れた企業は、真似ようとする競争相手を置き去りにする。先行企業は慎重に総合的な計画を立てることができるが、真似をする企業はその場凌ぎの戦略で追いかけなければならないからだ。即席の戦略は効果に乏しく、しかも往々にしてコストが余計にかかる。

戦略で優位に立つ企業は、時間競争でも有利になる。たとえばＩＢＭやデュポンが誇る人材の水準を追い越すには、長い年月を要するはずだ。それどころか両社がこの戦略を堅持するならば、あとから真似をする競争相手は追いつくのもやっとだろう。

しかも戦略的に立てられた計画は真似るのが難しい。なぜならそうした計画は、事実を根気よく集め、分析し、そのうえで自由な発想で組み立てられているからである。セラニーズのブランケが指摘したとおり、「計画は成長を支える知の柱である。そして知というものは真似にくい」のだ。デュポンが研究開発に、ＩＢＭが市場戦略に長けていることはだれでもわかるが、両社の経営陣が戦略に注ぐ熱意や努力に太刀打ちできる競争相手はいない。それにデュポンやＩＢＭがなぜその競争優位にこだわるのか、その理由も内情も競争相手にはわからない。またたとえ知ったところで、すでにあるシステムや優先順位を修正するのは難しく、時間もかかるだろう。

このように、戦略と計画で先んじる企業は、競争で優位に立つ強力な武器を手にしたことになる。それは、ある意味で秘密兵器だ。なぜなら、公表された目標や戦略しか競争相手にはわからないからである。先行者は有利だ。入念に計画を立て徹底的に実行することができる。だが真似をする企業は、先を行く企業の成果が表れてから大慌てで追いかけなければならない。遮二無二猛追する企業には、先行企業ほどの完璧さや緻密さは望めない。

優れた企業から学ぶ

成功している企業の市場戦略、利益戦略、人材戦略をそうでない企業と比較した結果、私は次のような確信を持つに至った。

- 成功する企業の経営幹部は、戦略的に重要な意味を持つ事実を深く理解し、顧客が何を求め何を必要とするかを知り抜いている。業界動向の分析や主要市場における製品グループの評価を怠らず、事業環境に働く外部の力に敏感に反応する。そして入念な利益要因分析に基づいて戦略上の重点項目を決める。彼らはまた幹部社員の能力や後継者の必要性についても実態を把握している。要するに事実を掘り起こし、それを生かすのが優れた経営幹部の特徴である。
- 戦略的に重要な意味を持つ事実を客観的に見つめる。問題の存在を認めて恐れずに向き合い、機会も見逃さない。そして問題に取り組みチャンスをつかむためにリーダーシップを発揮する。優れた経営幹部は、スピードの大切さをよく知っている。
- 経営目標を定め戦略を立てる時、後追いや真似はしない。新しい道を切り開くことを選ぶ。

- 戦略の正しさを信じ、ひたむきに実行する。戦略的に重要な事業には、資金、人材、そして自分の時間を惜しみなく注ぎ込む。明確な目的意識に支えられ、決意を持って問題に取り組む。
- 経営資源の面で二番手に大差をつける必要はない。戦略計画で競争相手を上回り、総合的な業績で少し差をつければよい。それを実現するために必要なのは断固たる経営の意思であり、その意思が全社を照らし続けることである。
- 常に戦略的に考え行動する。彼らは断片的な動きの意味を理解し、それを会社の長期的な成長、成功、利益と結びつけて考える。

第4章

行動方針・基準・手順

——行動と戦略を結びつける

ある時私は、妻になぜいつもA＆P（ザ・グレート・アトランティック・アンド・パシフィック・カンパニー）で買い物をするのかと尋ねたことがある。彼女はたちどころに「だっていつでも返品を受けつけてくれるんですもの。あそこなら、全然いやな思いをさせられないのよ。そりゃ、ほかのお店でもだいたいは受けつけてくれるけど、すごく渋々だから、二度と買い物するものかという気にさせられるわ」。

「A＆Pならどこもそうなのかい。それともそこの店長がたまたまいい奴なのか」と私は訊いた。「A＆Pならどこもそうよ」と彼女は断言した。「だって私が買い物をするようになってから、何度も店長は交代しているもの」。

そこで私はA＆Pに出かけてみた。そして立派な額に入った大きな表示板がレジ近くの壁に掛かっているのを発見したのである。そこには大きな文字で次のように書かれていた。

A＆Pの約束

私たちはいつも次のことを心がけます。
正直、公正、誠実であること、常にお客様の利益を考えること。
すべてのお客様にご満足いただける笑顔のサービスを提供すること。
価格に見合った最高の品物を用意すること。
商品の重量が常に正確でばらつきがないこと。

個数や寸法が常に正確で間違いないこと。
代金の計算が常に正確で間違いないこと。
お買い物にご満足いただけない時は、理由の如何を問わず商品代金をお返しすること。

——ザ・グレート・アトランティック・アンド・パシフィック・カンパニー

これと同じものが、社員への指針として、また買い物客へのお知らせとして、全国四五〇〇のA&Pストアに掲げられている。この掲示は、従業員に暗に行動規範を示すものでもある。買い物客が皆A&Pの方針を読み遵守を期待していることが店員にはわかっているので、四五〇〇店どこの店員も、会社の方針を誠実に実行する圧力をひしひしと感じざるを得ない。

このような方針があるだけで、A&Pのシェア拡大にどれほどの効果があるかは改めて論じるまでもないだろう。一貫した方針の下、A&Pは食品スーパーとして成功を収めるに至った。

行動方針とは

行動方針とは、ある状況でどう行動するかを決める基本的な考え方を意味する。行動方針はどんな役割を果たすのだろうか。アームコ・スチール・コーポレーションが創立五〇周年(一九五〇年)の記念に発行した小冊子の前言には、次のような優れた考察が書かれている。

「事業を進めるうえで社員全員が守るべき大まかな針路を示すために、堅実な企業経営者は何らかの行動方針を掲げるものである。それらの方針は経験に基づいて作成され、時の試練を受ける。社員であれば地位の上下を問わず、そうした方針を通じて会社の大原則を理解することになるだろう。行動方針とは、会社の意思、決定、行動の憲法なのである」

この小冊子には、「アームコはいついかなる状況でも行動方針を一貫して遵守する」と記されている。つまり行動方針とは、戦略計画を実行する時の案内役とも言えるだろう。戦略としっかり関連づけられた方針は、経営システムを構成する要素として社内に広く浸透し、社員が折に触れて確かめる指針となるのである。

A&Pの場合には、返品を受けつける方針を掲げることによって、お客様から要求があったらいつでも快く返金しなければならないことを全国の店員に徹底させる効果があった。ごく単純な方針だが、四五〇〇店で一斉に実行されれば、絶大な効果がある。またこの方針は、廉価量販というA&Pの戦略としっかり結びつけられている。社員の行動を導くことが方針の目的だから、方針が戦略と結びつけられて実行されれば、結果的には戦略の効率的な実行につながる。

さて方針は、適用する条件をはっきり決めておかないと効果を発揮できない。したがって経営幹部は、どんな状況でどの方針をどう適用するか、あらかじめ決めておかねばならない。たとえば値引きなどは一番簡単な例である。つまり一〇〇個以上買う人には値引きを適用する、といった具合に条件を決めておく。

次にもう少し複雑なケースを考えてみよう。ある自動車メーカーは、ある特定モデルのトランスミッションに苦情が多いことに気づく。問題を調査した結果、修理するより交換してしまうほうがいいとの結論が出た。そこでその旨の通知がディーラー全店に送付される。そこには年式とモデルが明記され、トラブルを解決するにはどうするか、ディーラーへの返金はどう処理するかが指示されている。これが、方針の適用条件である。

方針を立てる時には、どんな状況があり得るか、その時どうすべきか、網羅的に考えておく必要がある。方針の実行にかかる費用やその他の影響、また方針を立てなかった場合の影響なども考慮する。

方針の好例を、メリルリンチの基本方針に見ることができる。同社の基本方針は書面にしてフォルダーに納められ、社員に配布されている。メリルリンチが展開する全世界一六〇以上の拠点では数千人の社員が働いているが、その全社員に対して、「こんな場合にはこうする」を教えてくれるのがこの基本方針だ。それだけではない。このフォルダーは、「メリルリンチの社員に何が期待できるか」を顧客に知らせる役割も果たす。ここでもまた顧客に向けた明確な方針表明が、顧客から信頼を勝ち得、好ましい企業イメージをつくり上げることに一役買っているのである。

行動方針とは何か、どんな効果があるのかを理解するために、今度はそれがないとどんな影響があり、その結果どんなコストが発生するかを考えてみよう。チェーン展開する小売会社にA&Pのような明確な返品受付け方針がないとしたら、どうだろうか。そうなると、それぞれの店長が自分の店の方針を決めざるを得ない。店員は何か問題が起きるといつも店長にお伺いを立て、店長はその時どきの状況で決定を下す。そしておそらくは決定の根拠を本部に報告しなければならないだろう。意見が食い違えば調整しなければならず、時間もコストもかかる。おまけに顧客の信頼を失う可能性もあり、それらをトータルすれば大変な金額になるはずだ。しかも明確な方針がなければ必ず混乱が起き、不満は募り、モラルのみならず生産性も低下することになる。

明確な方針がないと、経営陣の統率力も弱体化しやすい。行き当たりばったりの決定を繰り返していくうちには、部下は「このケースでは上司はきっとこうするだろう」と見越して行動するようになる。つまりボトムである現場から方針が生まれることになるわけだ。

上司が交代しなければ、これはこれなりにうまくいく。だが交代してしまうと、暗黙の方針は覆される可能性が出てくる。新しい店長が前任者のやり方を知って踏襲しない限り、またもやゼロから試行錯誤が始まることになりかねない。しかもその状態は、新任者が自分なりのやり方を決め、それが行動指針となるまで続く。

大企業の経営者がもし悪夢を見たければ、何百もの異なる仕事をしている何百人何千人の社員がそれぞれの部署のやり方に従い、そのやり方がいつのまにか「方針」になっていて、自分はそれをほとんどコントロールできない状況を考えてみるといい。重要な業務についてよく考え抜かれた明確な方針を決めておきさえすれば、そんな悪夢は避けられる。社員は方針の下で自信を持って行動し、コストは最小化されるはずだ。

言うまでもなくどんな企業でも、あらゆる行動に方針を決めて押しつけるわけにはいかない。それでは管理の行き過ぎになるだけでなく、社員を無能扱いすることになる。だれだって自分たちの裁量や判断の余地を望み、常識を信用してほしいのだから。ここで効いてくるのが経営理念である。「これが我々のやり方」という確たるものがあれば、行動方針を定めるには及ばないような業務で、経営理念が行動指針の役割を果たしてくれるだろう。

残念ながら、単純明快な方針の価値を理解していない企業が多いようである。事業を成功させるには、行動方針という経営プロセスをもっと有効に活用することが望ましい。

戦略と方針の関係

まったく斬新で優れた行動方針は、時に産業界に革命を巻き起こすことがある。プロクター・アンド・ギャンブル（P&G）がそうだ。人事に卓越したセンスを持つカーネル・プロクターは、安定した雇用こそが社会的に望ましいと考えていた。そこで一九二三年、P&Gは、四八週間の標準雇用期間を保証する方針を打ち出す。この雇用保証は、勤続年数が二年以上で勤勉かつ業績優秀などの条件を満たす全社員に適用された。つまり二年勤めて優れた業績を残せば、次の一年間の雇用が保証されるのである。

今日に至るまで、この人事方針は業界でも先進的なものである。この方針を貫くために、P&Gは大改革を余儀なくされた。一九四五年、長年にわたり同社のCEOを務めたリチャード・R・デュプリーは記念すべきスピーチを行い、安定雇用が社会的に好ましいだけでなく、どれほど利益に貢献したかを説明している。(原注1) 新制度のメリットはモチベーションが高まり、社員の創意工夫が進み、多様な改革が広い業務分野で起きたことである。

- 営業部門は、三〇～四五日の先渡しと価格保証をして固定客向けの配送を導入している。これで顧客(主に小売店)が在庫切れになるという事態はなくなった。安定雇用方針は、P&Gと販売店双方に恩恵をもたらしたと言える。
- 先渡し品を受け取る施設がない販売店のために、P&Gでは倉庫など保管施設(自社保有またはリース)の手配も行うようにした。保管は最低一カ月分、最大二カ月分まで受けつける。おかげで販売店在庫のバランスがよくなり、在庫水準も低く抑えられた。
- これまでほぼ収支トントンだった製造部門で生産コストの大幅削減が実現した。安定した資材調達をするためサプライヤーから値引きを受けられたことが大きい。また生産能力の面でもピーク時を考慮する必要がなくなったため、設備投資が大幅に圧縮されている。一九二三年から四五年にかけて、設備投資は約一億ドル節約できた。

安定雇用方針を実行するのはたやすいことではなかったが、この方針はおそらく「P&Gの最高の製品」ではないかとデュプリーは言う。先見性のある大胆な人事方針が先鞭となって販売、製造、一般管理に次々に改革の波は起こり、最終的には会社の市場戦略、利益戦略、人材戦略にも影響が及んだ。P&Gの安定雇用方針は、経営目標と匹敵する重みを持ったと言っていいだろう。同社の事例から方針と戦略が互いに影響を及ぼし合い補い合うことがよくわかるが、こうした相互作用・相互補完性は成功企業に共通の特徴である。

さて行動方針は、時に戦略と一体化してしまうこともある。ニューヨーク・タイムズはまさにそうした例だ。一八九六年にタイムズの経営権を握ったアドルフ・S・オークスは、すぐさま大原則を発表した。以下はその一部である。

「私の最大の願いは、ニューヨーク・タイムズを、あらゆるニュースを伝える読みやすく魅力的な新聞にすること、他の信頼性の高いメディアと同等の速報性を備えた新聞にすることである。またいかなる政党・宗派・権益にも与せず公平で偏らない報道をすること、社会的に重要な問題を考える場としてニューヨーク・タイムズのコラムを提供し、あらゆる立場の意見が反映された知的な議論をそこから発信していくことを願う」

数年前ロバート・マクリーンがニューヨーク・タイムズ・マガジンに寄稿し、この信念に言及した。マクリーンはフィラデルフィア・ブルテンの発行者であり、ＡＰ通信の元社長でもある。彼はアドルフ・オークスを称えて次のように書いた。

「アドルフ・オークスはタイムズを買収したその日から三九年後の一九三五年四月八日に亡くなるまで、信念を誠実に貫き通した。彼の信念はいま考えればごく当たり前のものだが、当時はどうせ守られないだろうと思われていた。だから毎日の紙面でその信念が実際にかたちにされていったことは実に衝撃的であり、ニューヨーク、アメリカ、いや世界のジャーナリズムにとって長く貴重な貢献をしたのだった(原注2)」

マクリーンは、「偏りのない報道をするというオークスのゆるぎない意思は、新聞社のあらゆる部門に、また報道に関わるすべての人に深く浸透した」と語る。そしてオークスが示した模範は「きわめて競争の激しい市場であっても真の価値は永遠であること、真に市民に貢献する新聞と新聞社だけが長きにわたって支持を得られることを教えてくれた」とマクリーンは言う。彼の小論が指摘するとおり、タイムズの変わらぬ競争優位は、永続性のある方針を首尾一貫して守り通したことにある。その方針は同社の拠りどころであり、基本戦略と位置づけられるものだった。

経営システムが機能している会社では、行動方針の策定や戦略計画を始めとする経営プロセス同士が密接に関連づけられる。そして経営プロセスの相乗効果により、経営の意思は一段と堅固なものとなる。さらにそれは市場戦略に波及して売上高やシェアの拡大、コスト削減、組織の効率化につながり、それがまた人材の育成を促す、といった具合に連鎖的な効果が期待できる。

行動方針の効果

ニューヨーク・タイムズの例が教えてくれるように、競争力を生み出すのは単純明快な行動方針である。その方針は環境の変化に応じて修正されるものではあるが、しかしゆるぎなく守られなければならない。

海外に進出したアメリカ企業は、異なる条件下での方針のありようを調べる格好の分析対象である。一九五六年、ナショナル・キャッシュ・レジスター（ＮＣＲ）の社長だったスタンレー・Ｃ・アラインは、ハーバード・ビジネススクールの交友会から、ＮＣＲが海外で大成功を収めた理由について講演してくれと頼まれた。当時のＮＣＲは、売上高の四割に当たる一億ドルを国外で稼ぎ出していたからである。この時アラインは、ＮＣＲの九つの原則を語った。(原注3) そのうちの四つを以下で紹介しよう。

- その国が必要とする商品を供給する。我々の商品をその国に供給するのではない。
- 国外拠点にはその国の人を採用する（当時のＮＣＲでは国外に一万八〇〇〇人の社員を抱えていた

が、アメリカ人はわずか六人だけだった）。

- 国外拠点で働く社員は本社と変わりなく扱う。
- 異国の人々の習慣、伝統、宗教、価値観に最大限の敬意を払う。

なんとシンプルで明確な方針だろうか。しかし一方で、国外事業を見下したり、かたちだけ本社と同じ方針を掲げてはいても一向に守ろうとしないアメリカ企業が多いこともまた事実だ。

ここではアメリカのある機械メーカーを例にとって、製品に関する方針を考えてみよう。この会社はアメリカで圧倒的なシェアを誇り、本国と同じ製品を国外でも販売していた。ある時国外子会社が「顧客の要求に合わせて製品の性能や仕様を変えたい」「価格ももう少し引き下げたい」と要請してきたことがある。どう見てももっともな要請だった。しかしNCRとはまったく逆に、アメリカ本社はことごとく拒絶してしまう。「低級」な製品を製造するのはお断りだというのがその理由だった。この会社は製品の基本特許が切れるまでは何とか優勢を保っていたが、その後はたちまち国外市場のシェアを喰われてしまった。

ここでもまた、適用すべきは事実に基づく方針である。まずは、その国の実情を調べること。次にその事実に沿った方針を立て、製品を提案する。アメリカ人は何事にも米国流を当てはめやすいが、ひとたび国外に出れば事業環境も価値観もまったく違うのが普通と心得るべきである。

方針を断固として貫く姿勢は、確固たる経営の意思を持つ企業に共通の特徴である。健全な方針を守る企業は屋台骨がしっかりしているので組織として力を発揮しやすく、無駄なコストは省かれ、好ましいイメージも確立できる。たとえばA&P全店の店員がそろって壁に貼り出された方針を守るなら、効果はいっそう高まり、コストも圧縮されて、市場に多大なインパクトを与えることは間違いない。かつてベンジャミン・ディズレーリは「目標への忠誠」が成功の秘訣だと言った。方針に忠実であることは、まさにこれに当たる。

行動方針を決めるには

方針の策定は、経営の意思の効果を一段と高める強力な手段である。だから有能な経営幹部は、方針策定という経営プロセスに多くの時間を割く。社員が取る行動にはさまざまな選択肢があり、そのなかから目的に適い事実に即した適切な行動を選び取ることの大切さを彼らはよく知っているからだ。取るべき行動を正しく選んでおかなかったら、社員は既存の方針に従うか、場当たり的な決定を繰り返すしかない。

方針から最大限の効果を引き出すのは経営幹部にとって大きな課題だが、これは単純な公式を当てはめて解決できる問題ではない。優秀な企業には次のような傾向が見て取れる。

1　方針は簡潔であること。事実に基づき、現状に即していて、事業環境の変化を考慮していること。常識に反せず、時代を超えた価値観に支えられていること。以上の条件を満足する方針であれば、社員に受け入れられやすく、尊重されやすい。会社がそれなりの努力を払って好ましい企業イメージをつくり上げていけば、顧客もその方針を認め信頼してくれるだろう。

2 その方針が適用される状況について事実を集めること。特に社外でのデータ収集が大切である。方針策定が経験にばかり頼ってなされるのはよくない。経験とは過去の出来事や状況の記憶を取捨選択したものであるから、実際に何が起きたか・なぜ起きたのか・それは将来にどんな意味を持つかについて、どうしても主観が入り込みやすい。方針を決めるのは個人の判断であるとしても、情報分析の段階で事実と意見を混同してはならない。

3 最善の方針は、一定の状況で取りうるすべての行動を吟味したうえで生まれる。最初に頭に浮かんだいくつかの可能性しか検討しないのでは、よい方針は立てられない。方針を決める前に何通りもの行動を具体的に想定し、その行動の結果やコストについても考える必要がある。政府の方針すなわち政策も、決め方はまったく同じだ。

国務省で政策立案を担当していたロバート・R・ボウイは次のように述べている。

「政策の決定は、予測と蓋然性に基づく難しい仕事である。政策立案の担当官は入手した情報を駆使して取りうる行動にどれだけの選択肢があるかを見きわめ、次に取るべき行動を選び取る。可能な選択肢は必ずしも自明ではない。それらを特定するためには、分析力や想像力が必要だ。最終的に一つの政策を選び取る際には、想定外の事態で混乱が起きないか、よくよく注意しなければならない(原注4)」

あらゆる可能な選択肢を検討すること――これは、ビジネスの方針策定にも当てはまる有益なアドバイスと言えるだろう。政府の担当官と同じく、企業の方針策定担当者もありとあらゆる事実と確率を考慮したうえで、最も費用対効果に優れた行動を選び取る。方針を決めるとは、ある場面で取りうる行動のなかから最適な行動を選ぶことである。

4 基本的な条件が変わったら、一度決めた方針も再検討する必要がある。時間の経過や技術・地理的条件の変化は新しい条件をもたらす。競争への対処を迫られることもあれば、経営陣が刷新されることもあるだろう。政治・社会動向の影響も考えられるし、人口構成が変化して新たな問題が浮上したり、逆に思わぬチャンスが生まれることもありうる。

こうした変化に対して方針が硬直的だと、悲惨な結果につながりかねない。むしろ、方針がシンプルで永続的な価値に根ざしていれば、軌道修正の幅は小さく、行動の一貫性は保たれやすい。したがって余計なコストがかからず、業務効率も高まる。

5 修正が必要になるまでは、方針は首尾一貫して守るべきである。例外を認めすぎると方針は成り立たない。方針を徹底しないと結局は代償が高くつくし効果も上がらない。また経営陣に対する尊敬も失われてしまう。断固たる経営の意思は、方針を守り抜く姿勢に反映される。

基準とは

方針と同じく基準——実績や行動の測定・評価基準——も、戦略に沿った行動を促す役割を果たす。基準が整っていれば行動方針は一段と明確になり効果が高まるはずだ。方針がはっきりした基準を伴っていれば、社員は方針をどう守ればいいかがよくわかるので、スムーズにスピーディに方針を運用できる。

さまざまな基準のなかでも人事選抜基準は、後の章で論じるように企業の成功にとってとりわけ重要な要素である。倫理規範は別格として、基準は何も高ければよいとか、高ければ高利益につながるというものではない。たとえば能力のある人は一般に高い利益を生み出すが、せっかくの訓練や知性が役に立たない部署に配置しても無駄になるだけだ。優秀な企業はそれをよくわきまえている。つまりコストと効果のバランスが最もよくとれているのが最適の基準であり、この時に長期的な利益は最大化される。

こうした考え方はごく当たり前と思われるが、有能なはずの管理職にこの点を無視したり守らない人が多いのには驚かされる。ここでは、ある大手多角化企業のプラント建設基準を例に取ろう。この会社では建設基準が不必要に高く設定されていたために、長年にわたって利益が損なわれていた。この基準は一五年もの間存続し、同社のほとんどのプラントに適用されたのである。全部門のプラント建設を一手に掌握していたのは、製造担当副社長だった。副社長直属のチームが建設基準を決定し、プラントを運営する当の事業部もそれに疑義を差し挟めないような体制になっていた。

副社長が高い基準にこだわったため、新プラントはすべてスペック過剰となり、設備投資も運用コストも高くついた。副社長が得意気に顧客を案内して回る宮殿のような豪華なプラントにはショーケースの意味はあっても、実際に使う立場の社員からは「無用の長物」と陰口をたたかれた。

ここで私が特に強調したいのは、優れた経営システムが機能したならば、この副社長がごり押しした建設基準は必ず反対に遭っただろうということである。後の章でも述べるが、経営システムが機能していれば、上が提案した基準に対してどの事業部も異議を申し立てることができる。そして必要とあらばCEOが最終判断を下す仕組みになっている。

もう一つの例として、資材調達方針についての基準を考えてみよう。資材調達ではとかく価格重視に走りがちだが、先進的な資材調達部門では、性能と価格の最適化を基準にしている。また最も進んだ資材調達方式では、買い手のニーズと売り手の供給能力とを調整するなど買い手と売り手のすり合わせを行い、双方に利益をもたらす。たとえば小売大手のシアーズ・ローバックはオフシーズンに買いつけるなどこの方式の先駆者であるが、最近ではさらに進んだ手法も活用している。

このほか、業務に関する基準がコストや顧客関係などに大きく関わってくることは言うまでもないだろう。たいていの会社では受注から出荷までのリードタイムが決まっているが、それが一日でも短縮できればサービス面で競争優位を手にできる。また顧客サービス基準も、競争戦略の重要な要素となる。

基準を設定する手順は、方針を立てる手順とよく似ている。考えられる選択肢をできるだけたくさん用意し、それぞれに伴うコストや予想される結果を検討する。そして、費用対効果のバランスが最もよくとれている選択肢を選ぶのである。こうしてできた基準は、方針と共に、社員の行動を導くもう一つの案内役となる。

手順とは

手順とは、基準に従って方針を運用する時の段取りを説明したものである。手順は方針と基準に続き、戦略に適った行動をとるための第三の指針と言えるだろう。行動の進め方を具体的に指図してくれる手順は、コストや生産性に直接絡んでくる。基準を完全に満たせるかどうかも、手順によって決まってくることがある。

たとえば「迅速な納品」を方針に掲げる会社があるとしよう。この会社はある製品ラインについて、受注後四八時間以内を納品の基準としている。この基準をクリアできるかどうかは、手順次第と言える。受けた注文を適切な工場または倉庫に流す手順や注文どおりに出荷する手順などが重要であり、手順次第で注文処理のコストにも影響が出てくるはずだ。

いまの手順でよいのか、もっといい手順はないか――。手順の吟味が大事であることは製造現場や事務作業ではかなり前から認識されており、業務の簡素化や作業の流れに多大な注意が払われてきた。だがそれ以外の多くの業務でも、手順の改善余地は大きい。特に複数の部門にまたがって手順が運用される場合などには、部門のトップ、場合によっては全社のＣＥＯしか作業全体を俯瞰できる人がいないので、見直しが必要であるケースが多い。

方針・基準・手順を書面にする

方針・基準・手順は、当たり前のようだが、守られなければ行動の指針とはならない。そして当の行動をする社員が方針・基準・手順の存在を知っていなければ、守れないのは当然である。にもかかわらず驚くほど多くの会社で、方針を文書化する作業がおざなりにされている。方針などを書き表すことに対して多くの企業経営者が無関心であり、ひどい時には拒絶反応を示す。

だが優秀な企業では、もちろんきちんと文書化している。社内に掲示するだけでなく、マニュアルやガイドのかたちにまとめ、いつでも見られるよう配布する企業も多い。

文書化するメリットは、関係者全員にスムーズに伝達できることだ。口伝えでは時間がかかるし、正確に伝わらないおそれもある。労働法の立法化や労組との団体交渉の経験を通じて、経営者は人事方針は文書化すべきであることを学んだ。現在ではほとんどの会社が基本的な人事方針を冊子にして社員に配っている。そして人事以外の方針にも、同じことが当てはまる。

文書化のメリットは、ほかにも少なくとも二つある。第一は、書き表す作業を通じて、その内容が緻密で漏れのないものになることだ。方針文書の作成に着手したある有能なCEOは、「完成まで数カ月かかった。書面にするとなれば徹底的に検討し、本当に重要なことをまとめなければならない。そのためには本部と現場との調整も必要だった」と話している。

企業の方針文書については、ハリス・インタータイプのディヴリーが、先に引用したスピーチの中でこんなことを言っている——「会社の経営理念とそれを支える根拠を方針文書として明確に示した。その結果、社員はなぜこれらの方針が立てられたのか、はっきり理解することができた」。

第二のメリットは、文書の草案は関係者に回付されるので、より多くの事実、イマジネーション、代案、視点が付け加えられることだ。方針から何がしかの影響を被る人がすべてこの見直しプロセスに参加すれば、最終方針は明快でわかりやすいものになるだろう。

この二つのメリットを心から納得させてくれたある会話を、私はいまも覚えている。その会話は、ある企業——年商が一〇億ドルをわずかに下回る程度の規模——の自家用機の中で交わされた。飛行機に乗っていたのは、その企業の新任CEO、私、そして倍ぐらいの規模を持つ大企業の老練なCEOである。こちらは一〇万人以上の社員を抱え、工場を全世界に展開している。両社はどちらも私の顧客だったから、私は意図的に会話を経営のほうに向け、新任CEOが相手から学ぶチャンスをつくろうとした。そして大企業の経験豊かなCEOに、方針はどんなふうに策定するのかと質問した。

「そうだね、方針づくりにはほかのどんなことよりも時間をかけていると思う」と彼は答えてくれた。「全社的な重要方針を立てる時は、まず非常に時間をかけて事実を集める。まあ、ちょっとしたリサーチのような規模だね。事業部の社員にも話を聞くし、その分野の専門家やスタッフ部門にも参加してもらう。そして担当者が叩き台をつくって私に提出する。

私はそれに目を通し、次の草案はだいたい自分でつくって、事業部のほか関連のありそうな部署やグループに回付する。実際には、何か役に立ってくれそうな社員だけじゃなく、意見を言ってもらいたい社員、文句を言いそうな社員にも事前に見せておくんだよ。

意見や批判が出そろったところで、担当スタッフが三回目の草案をつくる。それから、信頼している人の意見やその分野に詳しい専門家の助言を入れながら、文言を練り上げていく。そして所定の承認を得て文書のかたちで方針を発表するという段取りだ。社員に配るマニュアルにもコピーを綴じ込む。こうして方針を具体化すれば、必ず遵守されることが私にはわかっている。うちの社員は何年もそう訓練されてきているんだからね」。

注意深く耳を傾けていた新任CEOは思わず口走った。「いやあ、すごい。我々が後れを取るわけがわかりましたよ。御社があれだけの業績を上げているのは当然ですね」。

第5章

組織

――人々を束ね、力を発揮させる

ある夏の午後のことだった。友人からゴルフの誘いの電話があった。参加者はすでに二人おり、あと二人探しているところだという。私は喜んで応じ、四人目にだれを誘うかでしばらくおしゃべりした。だが適当な人が思い浮かばず、うやむやなままに電話を切ってしまった。

次の日私はゴルフクラブのメンバーの一人にばったり出会った。早速声をかけるとOKという返事だったので、前日電話をくれた友人に連絡した。ところが折悪しく向こうもちょうど一人誘ったところだという。これでは一人余ってしまう。ホスト役の友人としては断りにくいから、私のほうが誘ったメンバーに事情を話して不手際を詫びた。その人は快く辞退してくれ、問題は事なきを得た。

だがこの出来事は私の心に引っかかった。ほんの少しの気配りがあれば、こんなことにならずに済んだはずだ。最初の電話で話した時に、友人と私は組織で一番基本的なことを忘れていた——つまり、だれが何をするか決めることである。堅苦しく言えば、四番目のプレーヤーを探す責任者を決め、勧誘する権限をその責任者に委任すべきだった。

優れた組織はなぜ大切か

残念ながら、組織の不備からもっと重大な事態が毎日のように起こっている。大企業や評判のいい企業も例外ではない。原因は、だれが何をするのか、だれにどんな権限があるのか、だれはだれの上司でだれはだれの部下なのか、はっきり決まっていないことにある。こうなると組織には混乱や矛盾が発生し、同じことを二カ所でやったり、無駄なことをしたり、果ては期限に間に合わない、不満や不服が渦巻く、上層部の規律が緩む、それをまた社員が真似する、といった事態になりやすい。混乱や矛盾が社内に蔓延すれば、業績不振、高コスト体質、競争力の低下、モラルの低下、利益の減少、後継者不足などにつながりかねない。経済全体で見れば、国家資源の莫大な浪費ということになる。

間違った組織管理が企業に深刻な損失をもたらすことがある。GMのスローンが語ったエピソードを紹介しよう。

「我々は組織のことがよくわかっていなかった。一つひとつの事業部の内情を知らなかったし、管理もできていなかった。部門の運営は情実経営に近く、駆け引きや裏工作がまかり通っていた。GMのなかで一番優秀な幹部社員の一人だったウォルター・クライスラーがエグゼクティブに昇格した時、彼は担当範囲のことでデュラントと衝突した。クライスラーは意思の強い男で感受性も鋭かった。自分の思いどおりにならないとわかると、彼は会社を辞めた。私はいまでもその日のことをよく覚えている。出ていきしなに、彼はドアをバターンと閉めた。そしてこの決別からついにはクライスラー・コーポレーションが誕生したのだ（原注1）」

このように、お粗末な組織は有能な人材を失うという罰まで受けることになる。

不合理で不健全な組織がどれほど深刻な結末をもたらすかをつぶさに見てきた結果、私は、経営の意思には組織づくりに取り組む意思も含まれなければならないと考えるようになった。組織計画は、効率的な経営システムに必須の経営プロセスなのである。

組織計画は過小評価されている

ところが組織計画は、経営プロセスの中でもとかくないがしろにされやすい。私が観察した限りでは、多くの経営幹部は組織計画を軽視する傾向がある。大手企業の経営トップからはよくこんな声が聞かれる。


「組織の計画などに時間を取られたくない。組織図などよりも、大事なのは人間そのものだ」

「たしかに社内に多少の混乱はあるかもしれない。だが本当に力のある奴はいずれ頭角を現すだろうし、そうでない奴のことはどのみちあまり気にしていない。それに、対立や衝突が必ずしも悪いわけではなかろう」

「組織をがっちり決めてしまうと息苦しいだろう。どの社員にも、自分が先頭に立って自分から何か始められるんだと思ってもらいたい」

それではここで、GEの会長を務めたラルフ・コーディナーが会社として正式の組織編成にどう取り組んだか紹介しよう。

「組織図にはいくつか四角い枠が描かれている。社員の才能はその枠にはめ込まれ、創造性も個人的な努力も枠の中に押し込められてしまう、といった意見をよく聞く。たしかにどんなによくできた組織でも、運用を間違えばそういう結果に行き着くことがあるかもしれない。だがやり方を考えればそんな結果を招かずに済むことも、また確かである(原注2)」

この章では、優れた組織が企業にどんなメリットをもたらすか実例を紹介しよう。組織計画を軽く考えず、ぜひ十分な注意を払ってほしい。組織計画はきわめて効果の高い経営プロセスであり、もっとよく理解し活用すべきものと信じる。

組織とは

組織や制度を整えることは、人類最古の昔から行われてきた経営プロセスである。聖書にも、祭司エテロが義理の息子モーセに忠告する場面がある。民を治めるためにモーセが一人で裁きを行っているのを見たエテロは、このように言う――「あなたのやり方は良くない。あなた自身も、あなたを訪ねて来る民も、きっと疲れ果ててしまうだろう。このやり方ではあなたの荷が重すぎて、一人では負いきれないからだ」。そこでモーセは義父の助言を聞き、組織づくりに着手する。この件は、聖書には次のように書かれている。

「モーセはしゅうとの言うことを聞き入れ、その勧めのとおりにし、全イスラエルの中から有能な人々を選び、彼らを民の長、すなわち、千人隊長、百人隊長、五十人隊長、十人隊長とした。こうして、平素は彼らが民を裁いた。難しい事件はモーセのもとに持って来たが、小さい事件はすべて、彼ら自身が裁いた」(原注3)(旧約聖書・出エジプト記・新共同訳による)

聖書のこの一節から、組織づくりが計画立案の一種であることがうかがえる。組織計画は、次の段階を踏んで行う。

1　計画の実行に必要な仕事を定義する。遂行すべき仕事が任務となる。
2　仕事を各ポストに割り当て、そのポストに就いた社員に分担させる。割り当てられた仕事には責任が発生する。
3　各ポストに権限を委譲し、そのポストに就いた社員に対し、任務を自身で実行するか部下に命じる権利を与える。

ここで、権限(authority)と権力あるいは支配力(power)は違うことに注意してほしい。

支配力があるとは、権限の有無を問わず何かをやる力があることを意味する。自分でやってもいいし、他人に命令したり影響力を与える方法でもかまわない。他人から慕われていたり、逆に恐れられていれば、その人は支配力を持ちうる。知識や判断力に一目おかれている人、あるいは能力・人格・勤続年数・年齢・過去の実績が尊敬されている人も、支配力を手にする。

一方、権限とは命令する権利である。権限は支配力を手にすることを助け、それを正当化する。だが、たとえ権限があっても尊敬されていなければ、その人にはほとんど支配力はない。

4 上下関係を定める。すなわちだれの上司はだれでどんな種類の権限を行使できるかをきっちり決めておく。こうすれば、自分の上司はだれで部下はだれなのかが全員にわかるし、どんな種類の権限にどこまで従わなければいけないのか、またどんな種類の権限をどこまで行使できるのかもはっきりする。

5 最後に、各ポストの仕事の効率を上げるために必要な資格や条件を定める。

経営用語を使って言うなら、組織計画では任務、責任、権限、上下関係、資格要件を決める。これらをよく考えて組織を計画しておけば、支配力には正当な根拠が与えられ有意義に活用できる。また逆に不当な支配力を封じ込めることにもなる。

たしかに、組織計画はそれなりの制約を伴う。だがそもそも経営プロセスには、制約が伴うものなのだ。なぜなら経営プロセスの目的は社員を効率的に目標達成へと向かわせることであり、「向かわせる」とはある意味で行動を束縛することだからである。社員を奔馬よろしく勝手な目的に走らせるのではなく全員の力を合わせることを望むのであれば、ある程度の馬具をつけることはどうしても必要だ。その時、ほどよいゆとりのあるいいデザインの馬具のほうが、きつすぎて窮屈な馬具より好ましいのは言うまでもない。

馬具の喩えで言えば、経営システムの窮屈さは馬具それ自体のせいと言うよりも、どれほど手綱を締めるか、どれほど鞭を使うかのほうに多く左右される。優れた経営システムとリーダーシップの下では、組織や経営プロセスによってそれなりの制約を受けるとしても、有能な社員は目標を目指して建設的に仕事をするものである。

組織が業績に及ぼす影響

ケネディ大統領は政権発足当初、国務省の重要なポストに適任者が見つからず大変な苦労をした。ニューヨーク・タイムズの社説は、「米州担当国務次官補というきわめて重要なポストになり手がいないとは……。これほど重大な問題でなければ、まったくの笑い話である（原注4）」と皮肉っている。報道によると、二〇人ほどの候補者が打診されたという。現在氏名がわかっているのはそのうち二人だが、どちらも固辞したそうだ。この社説によると、事情はこうである。

「候補者にことごとく断られた主な理由は、おそらく中南米問題では権限が錯綜していることではないか。国務省米州局は、ホワイトハウスのタスクフォースに横槍を入れられることが多い。このタスクフォースはアドルフ・ベールが率い、リチャード・グッドウィンとアーサー・シュレジンジャー・ジュニアまで加勢する。おまけにキューバ事件のような場合にはＣＩＡまで絡んでくる。これでは国務省のスタッフはやる気をなくしてしまう。ではこんな状況で有能な人物にこのポストを引き受けてもらうには、ケネディ大統領はどうすればいいだろうか。何しろ政府のなかで最も難しいうえにほとんど感謝されない仕事なのだ（中略）。適任者を迎え入れる唯一の方法は、地位にふさわしい権限を与え、ホワイトハウスから国務長官に至る命令指揮系統を明確にすることだろう」

企業の場合にも、権限や命令指揮系統がはっきり定まっていないポストに有能な人材を探そうとすれば、ケネディ大統領と同じ困難に直面する。政府に限らずどんな組織でも、しかるべき権限がなかったりうやむやなままの仕事に就きたがる優秀な人材はいない。私は職業柄さまざまな組織の幹部を見てきたし、多数のエグゼクティブに非公式の取材をしたこともある。そうした経験から、職務遂行能力、仕事に対する満足感、仕事に対する情熱といったものは、入社時点から退職に至るまで、所属する組織の構造に大きく左右されると確信するに至った。そしてどんな企業にも組織はある――成り行き任せであろうと、周到な検討の結果であろうと。

組織計画は、最終的には組織図のかたちで表される。事業部を表す四角や権限を示す線が引かれたお馴染みの図である。だが組織計画の本当の対象はそこで働く社員の行動、自己実現を始めとする人間的感情、そして個人の能力なのだ。社員一人ひとりの行動がうまく方向づけられて会社の目標達成につながるかどうかは、組織によるところが大きい。適切に計画されているか。トップから現場までマネジャー全員が組織体制に従い、かつ部下にも従わせているか——。組織図に描かれた四角や線はシンボルに過ぎない。経営システムの一要素として建設的な意思決定や行動を促すのは、組織である。

つまるところ組織計画とは、持てる能力や存在意義に従って社員を管理する経営プロセスである。そしてプロダクト・マネジャーにもウォルター・クライスラーにも、また国務次官補の候補者に挙げられた人たちにも、己の能力に対する矜持がある。だれだってはっきり領分が決まっている仕事をしたいのであって、テリトリーをみだりに侵害されるのは大嫌いなのだ。

組織計画の指針

意思のある経営者は基本に則って組織の不備を発見して正し、優れた組織がもたらす恩恵と利益を手にするだろう。

組織計画の基本と言っても、どんな組織にも当てはまるわけではない。経営学の権威の間でもさまざまな見方がある。ここに掲げるのは、集団内での人間の行動を見てきた私からの、あくまでも参考のための指針である。

指針は組織計画のプロセスから導き出したもので、人間の性質や常識にも適っていると信じる。理解しやすいよう、組織を計画する手順に沿っておおまかにまとめた。優れた組織をどう設計するか、組織づくりの基本を以下でステップごとに簡単に解説する。

仕事を割り当てる

仕事ができない人を指して「器でなかった」とよく言う。花形セールスマンがマネジャーになった途端にダメ管理職になった例、飛び抜けて優れた職人だった人が職長になると精彩を欠く例などは昔からよく見かける。こうしたミスマッチに起因する会社の損害、個人の苦痛は、社会にとっても大損失だ。原因の多くは本人ではなく、組織に関する経営陣の判断ミスにある。経営幹部が基本を守って仕事を割り当てていれば、たいていのミスマッチは防げたはずだ。

組織計画プロセスの基本は、仕事を社員に割り当てることである。したがって組織計画は、まずはどんな仕事が必要なのかを決めることから始まる。次に種類や量に応じて仕事をまとめ、一人の人間が効率的にこなせるような分担を決める。

それでは仕事にはどんな種類があり、どう分類するのだろうか。それぞれの仕事に必要な適性や資格を考えると、次の分類が妥当と思う。

● 事務的な業務――基本的にルーティンワークで、何かを計画するのではなく計画どおりに実行する仕事である。創造力や分析力はあまり必要としない。

● 分析的な業務――エンジニア、市場・財務アナリストなどが行ういわゆるスタッフ業務で、高度な調査・分析力や問題解決力を必要とする。計画立案もこうした分析力が必要な仕事である。

● 技術的な業務――技術的な専門知識（工学、生産、会計、統計分析、データ処理など）を要する仕事。こうした知識は教育を通じて修得しておく必要がある。

● 創造的な業務――研究やマーケティングなど高度な創造力、構想力、発想力を必要とする仕事。

● 管理的な業務――セールス・マネジャーや職長など、一定の権限を持ち部下を動かす能力を必要とする仕事。

● 指導的な業務――社長や部長など、部下を鼓舞し力を発揮させる能力を必要とする仕事。

第1章にも書いたが、さまざまな仕事に割くべき時間の割合は地位によって違ってくる。CEOであれば事務的なことには最小限の時間を割くだけにして、分析力、創造力、管理能力、指導力を要する仕事にできる限りの時間を充てなければならない。

一つのポストにどの程度の量の仕事を割り当てるかは、職種によってそれほどの違いはない。割り当てられた仕事の種類が適切であれば、そのポストに就いた社員がこなせる量は増えるはずだ。最適の仕事量は、組織計画の専門スタッフや専門技術者の意見などを聞いて、ライン・マネジャーが見きわめるのが望ましい。また同種類の仕事をするポストの数は試験的に変えてみて、成果とコストの適正バランスを見つけるとよい。

ポストを新設する時には、新たに必要になる給与だけでなく目に見えないコストも考える必要がある。年金、保険、医療費などのほか、オフィススペースの費用、秘書の給与なども漏らしてはいけない。そのポストが不要とわかっても廃止しにくいといったコストは、見落としやすいので注意が必要だ。新設ポストで影響を受ける社員が異動に抵抗し、説得が困難なケースもあり得る。

したがって組織を適切に計画するためには、新ポストだけでなく既存ポストの意味も問い直さなければいけない。「この仕事は本当に必要なのか」を突き詰めて考えていけば、なくていい仕事、なくていいポストが出てくるだろう。状況が変われば、かつて必要だった仕事がいらなくなることは大いにあり得る。たとえば新製品の導入期に必要だった技術サービスは、製品が定着すれば不要になるだろう。こんな時こそ経営の意思を発揮し、既得権などという贅沢を排除すべきだ。

権限を与える

どんなポストも、割り当てられた仕事を遂行し責任を果たすために必要な権限が与えられていなければ、成り立たない。この条件を満たすには、たった一つの大原則を守ればいい――つまり、「責任には権限が伴う」ということである。言い換えればあるポストに就いた人がある責任を引き受ける場合、その人はそれに伴う権限を持つということだ。この考え方が浸透すれば、経営の意思は一段と効果を発揮する。

多くの企業は単に権限を委譲するだけでなく、職務記述書のような書面を用意している。この中で設備投資の承認、昇給の承認、社員の採用、契約の署名、弁護士やコンサルタントの導入など委譲される権限が明記されている。

ところで、権限には二種類あることをご存じだろうか。ライン部門の権限と機能部門の権限である。経営システムを組み立てる時は、この二つを理解して活用しなければならない。

ラインの権限はよくご存じと思う。部長なり課長なりが部下に命令する権利である。ライン部門の長は、業務の承認または却下や昇給・昇進の決定・推薦を通じて部下を掌握する。究極の権限は、言うまでもなく雇用・解雇の権利である。解雇の権利が上司の手に握られ、部下がそれを知っているのは、経営システムの中で最も強力なネガティブ・コントロールと言える。

ライン部門の長は何らかの行動についてその必要性の有無、時期、場所を決定し、部下に命令を下す。「この仕事をいつまでにやれ」と言えるのがライン部門の長だ。この権限に責任が伴うのは言うまでもない。まさにラインの名のとおり、実に単純かつ明快である。

機能部門の権限はラインの権限より少々複雑であり、あまり知られてもいない。しかしこの権限を理解して活用することは、どんな規模の企業でも大変有効だ。また企業の規模が大きくなり、複雑化し、激しい変化に直面するようになるほど、この権限を活用する意義は大きくなる。

機能部門の権限は時に技術的な権限と呼ばれ、この権限を持つ部門には、たとえば経理部、人事部などがある。こうした機能部門の要求に従って他の部門が運営されているかどうかを監視する権利が、機能部門の権限である。この権限は、機能部門が持つ広範な技術知識・専門知識に裏づけられている。

つまりライン部門の権限は力による権限であり、機能部門の権限は知識による権限なのだ。ラインの権限を持つ人は「この仕事をいつまでに」と命じ、機能部門の権限を持つ人は「この仕事をする時は、この方法で、この方針と基準に従って」と言う。

機能部門の権限をわかりやすく説明するために、具体的な例を挙げよう。

1　経理部は、全社の会計手続きを監視する権限を持つ。取引の記帳方法などを定めるのは経理部の守備範囲であり、ライン部門の長はそれを守らなければいけない。

2　資材調達部は、ライン部門が買いつけをする時の基準を定める。部品や材料などを購入する時は、どの事業部もこの基準に従わなければならない。

3　人事部は、苦情の処理方法、給与水準、解雇条件などについてライン部門の長に指示する権限を持つ。

4　広報部は、報道関係者に公表する内容や方法について規則を定める権限を持つ。

以上の例から、機能部門の権限をめぐるもう一つの大切な要素が見えてくる。ライン部門の長が権限の発動を差し控えれば、機能部門の権限は円滑に行使できるということだ。このためCEOはライン の事業部長全員に、機能部門の行動方針・基準・手順に従うよう命じる。これによって機能部門は単にアドバイスを与える存在ではなくなる。機能部門はライン部門の支持を得たかたちで独自の権限を行使できるようになり、調査部や法務部などいわゆるスタッフ部門と一線を画す。

機能部門は単にアドバイスをするのではなく、独自の権限を行使する気概を持って方針や基準の遵守を徹底させるべきだ。そうすれば人事部にせよ経理部にせよ責任のある仕事ができ、結果として人事方針も会計方針もよく守られるようになるだろう。行動方針・基準・手順がいずれも有用で納得のいくものであれば、ライン部門は喜んでそれに従うはずだ。

ライン部門が賛同できず、折り合いがつかない時は、すぐ上の上司が解決の任に当たる。たとえば工場長が工場経理部の要求に不服の場合には、まずは工場経理部と交渉する。それが不調に終わったら、自分の上司と工場経理部の上司とで話し合ってもらう。それでも解決できない時は、最後は両方の部門を見る最終責任者――もしかするとCEOかもしれない――に問題を委ねる。

このチェック・アンド・バランスのシステムは、仕事のスピードと質（質の高い仕事とは、経営理念や行動方針に適う仕事である）を高い水準で両立させるうえで大変有効である。たとえば経理部長が権限を濫用してラインのやり方は会計方針違反だと言い出しても、いつまでも頑張るわけにはいかない。ライン部門のほうは会計方針こそ間違っているのだから変更すべきだと訴えたり、この業務には特例を認めよと交渉することができるからだ。このようにライン部門と機能部門とがうまくバランスされれば、経営システムは安定して維持され、経営の意思は一段と効果を発揮する。

ちなみに、事実に基づく客観的な問題解決を経営理念に掲げる会社では、ライン部門と機能部門とのチェック・アンド・バランスが最大限に機能する。このような会社では社員は「だれが正しいか」ではなく「何が正しいか」を見きわめようとし、事実に基づく権限が主張されるからだ。新しい事実が見つかれば体面を傷つけることなく前言を翻せるので、問題は常に事実に基づいて解決される。事実を大切にする雰囲気の中では、相手を傷つけるような言動やこれ見よがしのスタンドプレー、「それ見たことか」的な発言も自ずと差し控えられるものである。

それではここで、機能部門の権限にはどんな意義があるか、どう活用するとよいかについて簡単にまとめておこう。

- 機能部門の権限は、技術的・専門的な知識を会社の中でよりよく生かす効果的な手段となる。機能部門がその技術的・専門的な知識を生かし適切な調査分析に基づいて行動方針・基準・手順を確立したならば、それらを運用する権限を持つのは当然であろう。科学・技術を始めあらゆる先端的な知識が企業の成功に欠かせなくなっている今日では、機能部門にこうした権限が与えられる意味は大きい。スペシャリストが妥当な権限を手にするなら、会社は変化に適応しやすくなり、外部から作用する力をうまく利用できるようになる。
- しかるべき権限を与えられたスペシャリストは、ライン部門より劣ると感じる必要がなく、肩身の狭い思いをしなくてよい。その一方でライン部門の側からチェック機能が働くことがわかっているので、専横や権限濫用には歯止めがかかる。機能部門の権限が認められている会社では、優秀なスペシャリストを採用し定着させやすい。技術革新のペースが速い複雑な事業環境では、そうしたスペシャリストは貴重な存在である。

● 上司に異議申し立てができるチェック・アンド・バランスのシステムがあるため、重大な問題がラインの幹部を素通りすることはあり得ない。最終的な利益責任を負うラインの事業部長はいつでも権限を発動できるし、重大な問題を解決できない場合には、最終的にはＣＥＯまで問題は上げられる。

● 機能部門の権限が認められ行使できる体制だと、貴重なアイデアを見つけて生かしやすいので、強力な競争優位となる。優れた人事方針のおかげで高業績を上げている会社を、私は実際に三社ほど知っている。これらの会社の人事方針は人事部で練り上げられ人事部の権限で実施されたのだが、ライン部門でもその価値を認め熱心に推進したことが成功につながっている。

今日では多くの業界で競争が激化しており、新しいアイデアや効率的な経営なしに競争優位を確保することは不可能になっている。機能部門の権限が経営効率の改善に役立つことは前述したが、この権限にアイデア創出を促す働きがあることも付け加えておこう。有能な機能部門にはアイデアに富む人材が集まりやすく、部門の権限を裏づけにしてアイデアが会社の中で生かされやすいからである。

機能部門の権限について長々と説明したのは、どんな企業もこのコンセプトを経営システムに採り入れれば強力な競争優位につながると考えるからだ。機能部門の権限の意味をさらに明確にするため、スタッフ業務について簡単に説明しておきたい。

スタッフ業務の正しい意味は、データ収集、分析、助言指導などの仕事である。機能部門とは違い、スタッフ部門――調査部、技術部、法務部など――には権限はない。これらの部門が行うのはあくまで助言である。スタッフ部門は、自分たちの助言がどれほど貴重であっても、それを強制することはできない。スタッフは助言し説得するだけであり、その助言を受け入れるかどうかの選択はライン部門または機能部門に任される。

「スタッフ」という言葉は無造作に使われるきらいがあり、どうかすると経理部や人事部等までスタッフ部門扱いされているせいで、機能部門の権限の意味が曖昧になってしまっている。これでは競争力低下につながりかねない。

スタッフ部門は権限がない以上、決め手は説得力にかかってくる。とは言え事実に基づく姿勢が徹底していれば、事実の重みが増すので、スタッフはさほど熱弁を振るうには及ばないだろう。また上の地位の人がスタッフの忠告をよく聞き入れれば、他の社員も見倣うようになる。

経営システムに対する意識の高い企業では、スタッフ部門から提供される業務のコストを利用部署が負担する仕組みが採用されている。逆に言うとスタッフ部門は、「お客様」であるライン部門が買いたくなるようなサービスを提供するよう期待されているのだ。たとえばデュポンの技術部は、自分たちが提供できるサービスをパンフレットにまとめ、ライン部門に配っている。

スタッフ部門と機能部門の違いは、純粋に仕事の性質の違いから来る。ある種の仕事には権限が必要であり、単なる助言や勧告では効果が上がらない。そうした仕事に機能部門としての権限を与えるかどうかはＣＥＯが決め、権限の有無を職務記述書に明確に規定する。

権限はポストに帰属する

権限はポストに帰属する——単純にこう考えれば、経営の意思は社内に浸透し生きてくるだろう。ポストは、着任する人間とは無関係に、責任と権限を意味する。人はポストに就くのであって、人に責任と権限がつくのではない。

こと大統領に関しては、この考え方は広く受け入れられている。大統領の地位は大統領自身とは別個の大きな存在と受け止められ、敬意が払われる。大統領の地位には絶大な権限と支配力が伴うからこそ、大統領に就任した人は国民の期待に応えようと努力する。器でないと目されていた人物が見事に重責を果たし、時に国民を驚かせるのはこのためだ。

大統領職の企業版がＣＥＯ職である。ＣＥＯの場合、自分の地位に伴う権限を拡大することもできるが、権限を委譲することもできる。ＣＥＯは自ら守備範囲を決めて任務を遂行し、社員はそれを見てＣＥＯのやり方を理解する。こうしてＣＥＯ職のイメージが出来上がり、社員はそのイメージに従って行動するようになる。「権限は人にあらずポストにあり」という考え方を経営の最高責任者が理解し社内のすみずみまで徹底させるなら、経営システムを支える力強い要素となるだろう。

たとえばある大企業では、たくさんの権限を社長が一手に掌握していた。この社長は優れた意思決定者だったが、何事も人任せにできないたちだった。おかげで後任者には山のような仕事が押し寄せてきて四苦八苦する。また自分の発言に社員が過剰反応し、ちょっとした思いつきを口にしても命令と受け取られてしまうことにも閉口した。私は新社長に対し、社員は前社長がつくり上げた社長職のイメージに慣れきっているのだと指摘し、権限を少しずつ委譲して社長職のあり方を変えてはどうかとアドバイスした。また部下が社長の意図をあれこれ推しはかって行動する悪習もなくしていくよう忠告した。社長が事実を分析し、結論を出し、決定を発表する前に部下が勝手な憶測で行動すべきではない。三年ほど経つと、社長職のイメージや具体的な役割は大幅に変わった。しかしそれが社長のポストであることに変わりはなかった。

残念ながら多くの企業では、特に下位のポストでこの考え方が浸透していない。上位のポストについてはおおむね理解されているようだが、それでもＣＥＯを筆頭に多くの幹部は、自分の地位強化に時間を取られすぎている。たとえばたいていの新任エグゼクティブは、他の経営陣と縄張り争いを演じなければならない。しかし権限は本来ポストに付与されるもので、人につくものではないはずだ。えこひいきがまかり通る会社では、お偉方との力関係次第で、地位に伴うはずの権限が週替わり日替わりでめまぐるしく変わることさえある。
「権限はポストにあり」の大原則が確立されていないと、権力抗争が絶え間なく続く結果になりやすい。新任者が登場すると、上からのお引き立てがどの程度かと周りが様子をうかがうようでは、エネルギーの浪費であるばかりか、策士が勢力を増す事態にもなりかねない。権力闘争が目に余るようになると、有能な人材は去っていく。地位の確保に汲々としなければならない職場では働きたくないからだ。

こうしたわけだから、経営システムをつくり上げる仕事の一部として、あらゆるレベルでこの原則を徹底しなければならない。そのためには、繰り返しになるが、まずポストに伴う責任と権限を決める。そしてCEOを筆頭に経営幹部全員が経営理念に従って各ポストをバックアップし、ポストにふさわしい人材を育成する。

経営幹部はポストに伴う責任を部下に厳しく要求する一方、自らが持つ権限を行使して部下をサポートしなければならない。ただしこの時、あくまでも地位に伴う権限を行使するのであって、個人の保身を図るのではないことを明確にする必要がある。このような姿勢で臨めば個人攻撃や縄張り争いは減り、仕事の効率は上がって士気も高まるはずだ。

人材を選抜する

理想の組織を求め理想の職務分担や理想の資格要件を目指すのは大変に意義があると前に書いた。理想を目指しても結局は容易には実現はできないものであるが、理想を目指すことは、実際には大きな価値がある。

「理想の組織」を妥協して手持ちの人材に合わせてしまうことは、どんな組織でも頻繁に行われている。たとえばあるポストに有能な社員が就いたら、余分な仕事がそのポストに追加されるだろう。非常に多彩な能力を持つ社員であれば、二人分の仕事が割り当てられることもあるかもしれない。逆に本来必要な能力に欠ける社員が就いたポストは、割り当てられる仕事が減らされる。こうなると遂行されない仕事が出てくるし、ポストに伴う責任が薄らいでしまう。

たしかに理想の人材が存在しない以上、こうした調整は組織計画につきものである。だが人間は与えられた任務を全うしようと背伸びして能力を発揮するものなので、理想を追うことは決して無駄ではない。人材配置の任に当たる人は、理想を念頭において選抜することを勧める。

人員選抜をする時に理想条件を考えることの大切さは、いくら強調してもし足りないほどだ。ある会社で社長を選抜した時のことを私はいまでも覚えている。この会社では会長が退任し社長が会長に昇格することになっていて、会長と社長の二人は後継社長選びに頭を悩ませていた。優秀な候補者は三人いたが、相談を持ちかけられた時点では、会長も社長もすでにある人物に心が動いているようだった。しかしその人物が適任とは私には思えない。そこで私は、まずは新社長が今後一〇年以内に遭遇すると思われる重要な経営課題を書き出したうえで、課題の解決に必要な条件をメモにしてみてはどうかと提案した。

会長と社長がそれぞれに課題や条件を書き出し、それを突き合わせて新社長の仕事内容や必要な能力・適性などを一枚のメモにまとめる。それに基づいて二人が別々に候補者の評価を行ったところ、今度はたちどころに意見が一致した——最初は見落としていた人物である。この抜擢が適切だったことは、その後の会社の繁栄ぶりがよく示している。

セールス・マネジャーや職長であれ、あるいは社長であれ、選抜のやり方は変わらない。ポストを設定し、そのポストに仕事を割り当て、その仕事の遂行に理想的な能力・適性などの条件を決定する。次に候補者を実績に基づいて評価し、仕事に必要な条件と候補者の能力・適性をできるだけマッチさせる、というやり方である。

このような選抜方法を採れば、理想の条件に適う人材を得ようとするため客観性が高まり、またより多くの候補者が検討対象となる。理想を目指すことの大切さを示す例をもう一つ挙げよう。ある大企業でＣＥＯを選抜する時、取締役が集まって次期ＣＥＯに求められる条件を文書にまとめたのである。そこには次のような一文があった。

「ここに書き出した条件が示すのは理想の人物（すなわち存在しない人物）であることを我々は重々承知している。それでも我々は、候補者をこの条件に照らして評価したい。初めから低い基準で選ぶのではなく、理想の条件からスタートすることがよりよい人選につながると我々は信じている」

つまり、こういうことだ。「この仕事に必要なのはどんな人物だろうか」と漠然と考えて選ぶよりも、理想条件をはっきり設定しておくほうが的確な人選ができる。また親しい人や世話になった人を選ぼうとする不埒な試みも排除できるので、客観的な選抜にもつながる。理想を目指す選抜方式は、事実に基づく姿勢を人事で実践するものと言える。

取締役会

ＣＥＯたちがよく口にする不満は二つある。一つは取締役会のメンバーに適任者がなかなか見つからないこと。もう一つは、取締役会が満足な成果を上げられないことだ。有能な人材を見つけるのは難しく、取締役への就任を口説き落とすのも難しい。だから大勢のＣＥＯが取締役会は成果に乏しいと考えている。どんな経営システムでも取締役会が果たすべき役割は大きく、こうした苦情が出ることは重大問題だ。取締役会をめぐる問題をここですべて検討することはとてもできないが、先ほどの二つの不満は根が一つと考えられるので、ここで対策を考えておこう。

適任者を探す

適任者がなかなか見つからない理由は二つある。第一は、取締役の登用について計画的な対策を講じていないことだ。計画的に取り組んでいる会社ではあらかじめ望ましい人物の条件を決め、それに適う候補者を選んでいる。いざ空きができたら、用意した候補者リストから優先順位に従って交渉すればいい。それを担当する経営幹部まで前もって決めている会社もある。しかしたいていの会社は行き当たりばったりに探しているようだ。

第二には、取締役に適切なインセンティブが与えられていない。多くの会社は高額の報酬という条件と引き換えに大変な仕事をしてもらおうとする。だが報酬は有効な誘因とは言い難い。大企業の取締役候補者になるような人物はすでに所得税率が高いので、表面的には高い報酬でも税引後にはさほどの魅力はなくなってしまう。

多くの取締役にとって、このポストの魅力は報酬以外のことにある。経営システムが機能している会社は、他社で役員を務める取締役に対し、経営慣行を学ぶ機会や事業分野に親しむ機会を提供したり、スタッフや事業部がサポートするなどの便宜を図っている。このような魅力的なインセンティブを用意して、取締役会に快く時間を割いてもらうわけだ。

さて、取締役への就任を渋ったり、いったん引き受けてもすぐに興味を失ってしまう人が多いのはなぜだろうか。理由の多くは、ＣＥＯが指図を求めない、あるいは口出しを許さないことにある。ほとんどの取締役は自分から仕事をさせてくれなどとは言い出さないが、有能な取締役は真剣に関与したいと望んでいる。会社で何が起きているのか知りたいし、重要な方針に関しては意見を述べたい。経営陣の選任に関わり、業績の評価をしたい。彼らは責任ややり甲斐のある仕事を求めているのだ。そうした人材を生かせるなら、ＣＥＯは取締役会からもっと大きな果実を受け取ることができるだろう。

有能な人材が見つからないと嘆くＣＥＯは、まずは自社の取締役登用システムと報酬以外のインセンティブを見直すことである。

取締役会の成果を高める

取締役会がお粗末だと不平を鳴らすＣＥＯは、自分が取締役会にどう接しているか振り返ってみるといい。取締役会は独立機関であり、その主たる任務はＣＥＯを選任して業績を評価することにある。有能なＣＥＯは評価対象となる事柄を折に触れて取締役会に知らせ、評価を歓迎し意見を尊重する姿勢を示す。これで取締役会の仕事は俄然意義を増し、また建設的にもなる。

ところが、やたらと有能な取締役を飼い殺しにしているＣＥＯが実に多い。取締役会の意見を求めないことがその最大の原因である。すると有能な人ほど当たり障りのない取締役会に失望し、いいかげんに処理する役目にうんざりする。

CEOが取締役会に正しく接し、それでも成果が上がらないなら、取締役個人の資質、仕事にかける時間、会社に対する関心のいずれかに問題がある。適切な意見が述べられない取締役は辞めてもらわなければならない。そんな取締役がいると企業経営に支障を来す。取締役が株主に対する義務を怠れば会社全体が非難の的となり、好ましくない買収や委任状争奪戦の対象になりかねない。本人にとっても、重大な怠慢が訴訟につながるケースもある。

最高経営責任者(CEO)

CEOの役割の多くはだれもがよく知っているとおりである。重要な課題について最終決定を下すこと、上級幹部を選任し報酬を決めること、自分の権限外の問題について取締役会の承認を得ること、等々。だがCEOにはほかにも大切な役割があり、そちらはCEO自身も、またCEOを選任し補佐・評価する取締役も見落としやすい。

ここで、雑誌『ルック』で有名なコールズ・マガジンズ・アンド・ブロードキャスティングの例を紹介しよう。一九六四年五月、同社のガードナー・コールズ会長兼CEOは、社長職を退任すると発表した。会長とCEOのみ続投する理由を彼は次のように話している。

「今回の退任は、私自身が取締役会に要請して決めたものである。社長を退任するのは、仕事を減らしたいからではない。会社の長期的な計画にもっと時間を使いたいと考えたからだ。特に、買収計画の検討に時間をかけたいと思っている(原注5)」

この言葉から、コールズが戦略計画にもっと時間をかける必要を感じたことがうかがえる。つまり見落とされがちなCEOの役割に彼は気づいたのだ。それは、企業戦略を立てる「チーフ・アーキテクト」としての役割である。戦略計画とは、前にも書いたとおり、どんな事業をしていくか、何を目標にするか、競争環境の中で目標をどう達成するかを決める仕事である。戦略を立てる責任と主導権はCEOの双肩にかかっている。

CEOは自分で戦略を立てなくともよいが、戦略の重要性を認識し、戦略が適切に立案・実行されるよう見守らなければならない。激化するグローバル競争、技術革新、政治・社会的変化に対応できるよう会社を導くのはCEOの責任である。また持続的な成功には会社の成長が欠かせないことを認識し、組織の拡大やそれに伴う複雑化に対処するのもCEOの仕事である。

成功している企業のCEOは、経営システムのチーフ・アーキテクトでもある。システムを構築し、運用し、浸透させ、変化に応じた手直しをするのもCEOの役割である。

このように、CEOは自分がリーダーであり最終決定者であると同時にアーキテクトでもあることを認識すると、もっとよい仕事ができると私は確信する。アーキテクトとしては、市場競争構造の変化に会社を適応させる、経営システムを構築し維持するという、二つの役割がある。これからの企業の成功は、ＣＥＯの創造的思考に負うところが大きくなっていくだろう。小さなアイデアや些細な発見を手がかりに広く応用できる概念や法則を見つける能力が求められている。事業環境の現状や将来を考えると、理想のＣＥＯとは行動の人であると同時に発想の人でなければならない。

さまざまなＣＥＯを観察してきた結果、優れたＣＥＯにはもう一つ共通点があることに私は気づいた。問題を見つけ出し対処する能力に長けていることである。力不足のＣＥＯは困難な問題を避けたり先送りしたりしようとする。だがそうなれば事態がますます悪化するのは言うまでもない。

後回しにするほうが解決しやすい問題や時が経てば自然消滅するような問題であっても、有能なＣＥＯは解決策を決めて適任者に任せる。ＣＥＯが難局にも尻込みしないとわかれば、社員の信頼感は高まるに違いない。

有能なＣＥＯの決め手は、次の点に集約されると私は確信する。これらはどれも、ＣＥＯが主導権を取って行う仕事である。

- 戦略を立案し、重要な事業機会を把握する
- 経営システムを設計する
- 経営幹部の人材育成を行う
- 経営システムを自ら遵守し、社員にも遵守を促す
- 重大な問題を見きわめ、解決を図る

● リーダーシップを発揮する（第8章で論じる）

組織再編

企業では、「組織再編」（リストラ）という言葉は大層嫌われる。だが本当は嫌うようなことではない。

組織再編がいやがられるのは、変化をもたらすからである。社員は一般にどんな種類の変化も嫌うが、仕事の安定を脅かすような組織再編は特に忌み嫌う。最悪の場合には解雇されるかもしれないのだ。人員整理を伴う荒療治を宣言する時に「組織再編」（リストラ）という言葉が使われたせいで、すっかり悪者扱いになってしまったらしいが、赤字を黒字に変えるには組織改革や配置転換が必要と見なされているため、会社や事業部が業績不振の時にリストラを口にすると最大級の広告効果を発揮する。

変化に対応していくためには、どんな企業も組織再編に取り組むことが必要だ。

成長中の企業は、頻繁な組織再編を行わざるを得ない。事業の拡大や複雑化に柔軟に対応するためには新しいポストを用意しなければならないし、既存ポストの見直しも必要になるからだ。優れた経営を示す目安の一つに、経営陣が変革や組織再編に寛容だということが挙げられる。成功している成長企業では、組織再編が珍しくもないと受け取られている。

もっとも、なかには再編を頻繁にしすぎる会社もある。変化を受け入れる気風が浸透し、再編がほとんど嫌われないためだろう。だが習熟を要するような業務であまり頻繁に配置換えをすると、仕事の効率が落ちるしコストもかかる。組織に大鉈を振るいすぎると、せっかく息が合うようになった社員同士のチームワークを分断することになりかねず、新しいつながりができるまで時間もかかる。

したがって組織を時代に合わせ、できれば少し先行できるようにするメリットと、大幅あるいは頻繁な再編で社員の間に混乱や猜疑心をもたらすことのデメリットを天秤に掛けるのが賢明であろう。大幅な組織再編の後は、社員に落ち着くゆとりと新しい組織や同僚に慣れる時間を与えることが必要だ。ゴルフスイングと同じで、組織経営にも十分な「ため」を持たせ、一体だれが何をするのか思い悩まずに、社員が仕事にとりかかれるよう配慮しなければならない。

変化に合わせて継続的かつ適切に行われる組織再編ならば、経営システムを構成する妥当なプロセスと位置づけられ、ごく当たり前のことと受け取ってもらえるだろう。

第6章

経営幹部

——会社の宝を育てる

数年前、私はブルックリン・ドジャースの球団代表を務めていたブランチ・リッキーと会食したことがある。万年最下位のドジャースをペナント争いの常連に変えた手腕を絶賛されていた頃で、会食の目的は、ハーバード・ビジネススクールの学生クラブで彼にしてもらう予定の講演の打ち合わせだった。当時私はクラブの部長だったのである。

経営学を学ぶ学生として、私はかなり前から、幹部クラスの人事管理についてプロスポーツの監督から学べることが多いのではないかと感じていた。特に野球やフットボールの選手管理に興味を持ち、スポーツ関係の資料をいろいろ読み漁った結果、リッキーのやり方はビジネスにも応用できると確信。リッキーと接し、また彼の講演を聞いて、ますますその確信は深まっていった。

リッキーはドジャースの前にセントルイス・カーディナルスの監督としても見事な成績を残したが、この時他球団に先駆けてファーム・システムを確立している。ファーム・システムとは無名の選手を採用して訓練するマイナー・リーグのことで、有望な選手をメジャー・リーグに送り込むシステムだ。

会食の席でリッキーはこんなふうに話してくれた。「いい野球選手に必要なのは、足が速いこと、肩が強いこと、目がいいこと、頭がいいことだ。こういう選手が揃っていて、一流にする決意がこちらにあれば、たくさんの素材のなかからかなりの確率でいい選手を育てられるし、そのうちの何人かはスターにもなる」。

リッキーのやり方は、高い金を出して他球団から選手を引き抜くよりも確実で収益性の高い球団経営方法である。若くて経験の乏しい選手の報酬は、最初は当然少ない。だが実力を見せれば上に上がっていける。ファームがあれば選手層に厚みができるし、余剰が出たら他球団に融通すればいい。カーディナルスで開発されたこのシステムはドジャースでもうまくいき、いまでは全球団に採用されている。

つまるところ才能のある選手の確保が球団経営のカギと言える。著名なスポーツ評論家ジョー・ウィリアムズは、このことを皮肉った論評をスクリップス・ハワード紙に寄稿した。

「十月一日から、デトロイト・タイガースは新体制で運営されることになった。球団代表には地元ラジオ局を経営するフレッド・クノール氏が就任。タイガースは一〇年以上も優勝から遠ざかっているが、同氏には名案があるという。『来シーズンには、選手に活を入れ、陣頭指揮を執り、闘志満々で情熱のあるやり手の監督を呼ぶ』そうだ。だがクノール氏は、歴代代表が思い知った真実に早晩気づかされるだろう。実践派の監督にせよ、理論派の監督にせよ、結局のところ成功率は、監督が動かせる持ち駒の質に比例するのである(原注1)」

幹部人事は経営システムの重要な要素である

企業が成功する要因を長年にわたって研究した結果、ウィリアムズの指摘は実に正しいと私は思うようになった。彼の指摘を少々手直しして「事業の成功率は、ＣＥＯが動かせる幹部社員の質に比例する」とすれば、企業経営にもぴたりと当てはまる。

幹部人事管理が経営システムのカギとなるのはこのためであり、企業の基本戦略は有能な経営幹部の採用や定着を考えて立てなければならないと、私がくどく言うのもこのためだ。リーダーとなる社員の人事がうまくいけば他の経営プロセスもうまく回っていくし、逆もまた成り立つ。

だが有能な人材を雇えば、それで事足りるわけではない。経営トップの指揮が効果を上げるためには、幹部クラス社員の生産性を高めなければならない。生産性が高いとは、目的達成を目指して前向きに考え、決断し、行動するという意味である。あらゆる経営プロセスが、リーダー層の生産性に関わってくる。

経営システムが本当に効果を発揮できるかどうかは、第一線の幹部にかかっていると言っても言いすぎではない。経営の意思を成果に結びつけるには、適材を十分に確保すること、適所に配置すること、一人ひとりの生産性を高めることが必要だ。そのために取り組むべき項目を、以下に五つ掲げる。

- 幹部人事管理を計画的に行う
- 有能な幹部候補を募集し、選抜する
- 幹部候補および現職者の能力開発を行う

- 有能な人材は昇進させ、水準を下回る人材は解雇する
- 生産性を高める効果を考えて報酬を設定する

数年前、ハーバード・ビジネス・レビュー誌に掲載する論文を執筆するために、私は幹部社員の人事調査を行った。トップクラスのビジネススクール六校の卒業生で大手企業の幹部に採用された一九〇〇人に匿名の調査票を郵送。回答数は六〇〇で、そのほとんどに長いコメントが書き添えられていた。私は仕事柄たくさんの優秀な幹部社員と接して自分なりの考えを持っていたが、この調査結果で自分の考えを再確認することができた。先に掲げた五項目は、この調査結果から導き出したものである。

経営幹部の人事計画

一九五五年、クリーブランド・ブラウンズはNFL選手権で二年連続の優勝を飾った。地区優勝はなんと一〇年連続、そしてプレーオフでの勝利も過去一〇年間で実に七度目という快挙である。全国優勝後の記者会見で、ブラウンズのコーチ兼監督であるポール・ブラウンは次のように語った——「優勝の最大の要因は、優秀な選手揃いだったことだ」と。そしてニューヨーク・タイムズのアーサー・デイリーはブラウンを評して、「フットボールや野球に限らずあらゆるプロスポーツの

コーチは、選手の能力以上の力を発揮させることはできない。ポールが選手に恵まれたとしたら、そのために彼が長期的な計画を立てて臨んだことは間違いない（原注2）」とコラムに書いた。

経営者ならだれしも、幹部の人材が事業の成功には欠かせないことを知っている。そしてまた、そのための長期計画が成功のカギであることも認めるにやぶさかではないだろう。だが私が見るところ、たいていの企業には、幹部人事計画に大いに改善の余地がある。経営システムの一環として戦略的に幹部人事に取り組むなら、必ず成果が上がるはずだ。

アメリカのある著名な企業は、この基本をいささかもゆるがせにしていない。この会社では各事業部の最高人事責任者に鍵のかかるキャビネが与えられている。キャビネを開けられるのは、しかるべき権限を持つ人だけだ。キャビネに入っているのは、幹部人事計画を書き込んだ一枚の組織図である。組織図に記されたポストごとに三枚の色つきの附箋紙が貼ってある。一枚目には現職者の氏名と生年月日。二枚目には第一候補者、三枚目は第二候補者である。紙の色は、赤なら確定、青なら要検討、といった具合に現時点での評価を示す。この評価はライン部門の上司が定期的に行う部下の評価に基づいており、きわめて効率的な長期人事計画と言えるだろう。

先見の明のある企業では、幹部全員に後継者の指名と育成を義務づけている。「備えあれば憂いなし」で、こうしておけば事業の拡大や買収などにも十分に対応可能だ。幹部不足の企業は魅力的な買収案件をみすみす見逃すことになるし、できる幹部がいなくなったというだけの理由で売りに出される企業も少なくない。だから計画的な企業は用意周到に人材を配置し育成して、厚みのある幹部層をつくっておく。

幹部候補を十分に抱えている会社は、突然空席ができても慌てずに済む。また人材が豊富であれば事業にも自ずと好影響があるので、だれかが突然辞める事態はそう多くはないだろう。読者の皆さんは、アームストロング・コルクの話を覚えておられるだろうか。同社は倒産しかかった会社を買収して幹部候補に腕試しの機会を与え、モチベーションを高めている。

幹部の人事計画は、会社全体に目配りして立てる必要がある。事業部制を採っている会社でも、有望な幹部候補の育成は事業部にまたがって計画するとよい。そうした人材は会社全体の財産と考え、幹部人事管理の最終責任は人事部長が負うのが望ましい。先に紹介した、鍵つきキャビネに長期計画を用意している企業もそうしている。

幹部人事の計画は、新卒者の採用以外は、社員の業績評価に基づいて行うのが大原則である。業績評価が正しく行われていさえすれば、幹部の人事にも何も難しいことはない。これまでに述べた人事計画手法を経営システムの一部として積極的に活用するならば、経営の意思はよりよく事業に反映されるだろう。

募集と採用

企業は製品市場だけでなく人材市場でもシェア争いを迫られている。そもそも、能力が高くかつ実業界に興味を示す人の数は限られているのだ。だから企業は貴重な供給源からいかにして優れた人材を集めるか、採用した人材をいかに定着させ生産性を高めるかを戦略的に考える必要がある。
大手企業では社内で幹部を昇進させていく例が多く、幹部候補の多くは大学や大学院の新卒者から採用される。だが経験を積んだ即戦力となる幹部が急に必要になり、社内に適格者が見つからないケースも多い。

人材争奪戦

保健教育福祉長官、カーネギー・コーポレーション社長を歴任し『自己再生』を著したジョン・W・ガードナーは、カーネギーのアニュアルレポートに毎年テーマを決めて巻頭言を書いていた。「人材戦争」をテーマに書かれたある年の巻頭言から引用しよう。

「高い能力を持ち高等教育を受けた人材に対する社会の見方が大きく変わってきた。歴史上初めて、その絶対数が世界的に足りなくなっている。何世紀にもわたり、人類は有能な人材の無駄遣いをしてきた。そして社会的・技術的に世界が大きく様変わりした現在、有能な人材を見つけるのは難しく、浪費する贅沢はもはや許されない。我々の世代に起きたさまざまな変化のなかでも、これはおそらく最も大きな変化の一つであろう（中略）。人材確保にこれほどの人員と予算が投入されるのは、実にアメリカ史上初めてのことである（原注３）」。

また一九六五年八月三日付ウォールストリート・ジャーナル紙のコラム『労働事情（Labor Letter）』には次のような記事が掲載された。

『銀行を悩ませる人材難』

シカゴのミッドシティ・ナショナル銀行は、「経営幹部クラスの慢性的な人材不足に悩まされている。いい人がいないかいつも探している状態だ」という。またイースタン銀行は、ここ二年ほどで採用担当者を倍に増やした。一部の銀行では人材難が深刻な問題となっている。あるニューヨークの銀行幹部は、戦後に行われた銀行の合従連衡が人材不足の原因の一つと指摘する」

有能な人材のニーズは高まる一方なのに、「原料」の供給が追いつかないのは憂慮すべき事態である。教育界では、優秀な学生で企業への就職に関心を示す者の比率が低いことに懸念の声が上がっている。ハーバード・ビジネススクールのジョージ・P・ベイカー学部長は、「アメリカの経済発展に果たすべきビジネススクールの役割」と題する講演の中で次のように述べた。

「学部卒業生の成績優秀な上位一〇％のうち、何割程度が企業への就職を選んでいるのだろうか。残念ながら、この点に関してははっきりわかっていない。しかしながら手元にある最も信頼できる統計によると、学部卒業生のうちビジネススクールに進むのはわずか七%である。これに対し法科大学院進学者は二〇%、医学大学院は二二%となっている。翻って企業は今日の厳しい事業環境に的確に対応しなければならず、企業の経営陣はその行動や意思決定を通じて成長を生み出し、環境の変化に対応していかなければならない。そう考えるならば、将来有望な若者をこの大学院に集めるべく努力することこそ、我々の責任なのである」

企業経営者は、社会の貴重な財産である有能な人材に魅力的なキャリアを用意する機会を与えられており、また、そうしたキャリアを用意する長期的な責任を社会に対し負ってもいるのだ。企業がこの責任を真剣に果たそうとするならば、社内の人材の生産性は自ずと高まるだろう。と同時に社外での人材争奪戦に勝ち抜くために、企業は幹部人事に戦略的に取り組む必要がある。

新卒者の採用

優秀な学生を集める最善の方法は、改めて言うまでもなく、会社の業績をよくし、見通しを明るくすることである。そしてこれは、経営システムの長期的な目標にほかならない。したがって高業績で先行き有望な企業は、最優秀の学生を多数採用できる。つまり新人争奪市場で高い釣果を上げるには、優れた経営をするのが一番よいのである。

とは言え短期的な作戦としては、採用後二、三年間の処遇にもっと配慮するだけで、相当な効果が期待できるはずだ。ある大企業の社長が、ビジネススクール出の学生を採用できないと私にこぼしたことがある。そこで私は、新人社員をどんなふうに扱っているのかと質問した。答えは「学部卒業生と同じ二年間の研修チームに入れる。院卒だからといって特別扱いはしない。わが社にはお殿様はいらないのだ」というものだった。これでは院卒が来たがらないのは当然で、お殿様の心配も無用であろう。

私が行った幹部社員調査では、能力のある新人は最初の二年間に次のような処遇を望むことがわかった。

「できるようになったらすぐに責任のある仕事をしたいし、自分にその能力があることを示すチャンスを早く与えてほしい。若すぎることを理由に待たされるのは納得できない（調査回答者の三人に二人は、新人にもっと早く責任を持たせるべきだと答えている）」

「自分のアイデアや提案を真面目に聞いてほしい。新人の言うことに耳も貸さない態度やいたずらに波風を立てるなという忠告には反発を感じる。自分たちの提案がすべて採用されるなどとは思っていない。だが却下する時にはちゃんと理由を聞かせてほしい」

「甘やかされたり特別待遇をされるのはいやだ。成果を厳しく評価し、評価結果はきちんと認めてほしい」

優秀な新人を多数採用するためには、彼らの価値観や期待に配慮した戦略を立てるべきだと私は考えている。

新卒者の採用に当たってすべきこと・してはならないことを以下に掲げる。

1 会社のことや社員に与えられる機会について、誇大な説明をしない。学生は、どんな会社にもメリット、デメリットがあることをよくわきまえているのだ。経営者が率直であることを彼らは望む。どのみち会社の欠点など入社すればすぐにわかってしまう。

2 接待などで学生を釣ってはならない。需給が逼迫しているため、大学院レベルになると優秀な学生には多数のオファーがある。そうなるとつい饗応で気を引きたいという誘惑に駆られやすいが、このやり方は逆効果である。

3 最近採用した卒業生のなかから、進歩が目覚ましく会社の顔にふさわしい社員を採用担当にする。学生は生きたフィードバックを得られ、親近感を持てる相手から評価してもらえる。入社してほどない先輩がその会社のよさを話してくれるのは、採用担当重役の言葉よりよほど効果がある。

4 応募者の評価基準は、他の評価と同じく、個人の過去の業績に基づいて行う。大学・高校の成績や活動記録、夏休みの職業体験、ボーイスカウトその他の活動などを評価するのがよい。子供の頃から頭角を現しそれが継続しているならば、将来大成する可能性は高い。

幹部クラスの採用

新卒者の採用がきわめてうまくいき、有望な人材が順調に伸びている企業でも、かなり高いポストに社外からの採用を迫られる場面はどうしても出てくるだろう。

そんな時にまずすべきなのは、そのポストに求められるのは何かを決めることである。分析力が必要なのか、創造力か。管理能力か、指導力か。社外から採用する場合、同種の産業、同種の職種から登用されるケースが多い。だが私の経験から言うと、たとえ高いポストであっても、同業種・職種の経験より個人の資質のほうが重要である。将来の成長を約束するのは、技術的な要素よりも仕事への取り組み姿勢や成功を目指す決意なのだ。

人材を探す段になると、はえぬきの社員を抜擢してチャンスを与えたいと考えている経営陣でさえ、必要な資質を備えた人材をうまく社内で見つけられないことが多い。だが、要求水準を六五％しか満たさないと思われる社内の候補者が、九〇％満たすと思える社外候補者より優れた業績を上げる可能性が高い。社内候補の弱点はよくわかっているのに対し、社外候補のほうは把握しきれないため、両者の比較は公正を欠きやすい。社内候補を抜擢してうまくいけば、社員の士気は高まり生産性も上がる。だから敢えてリスクを冒しても社内抜擢する価値は大いにあると言えるだろう。若すぎるとか経験がないといった理由だけで登用をためらうのはもったいない。

幹部クラスの高いポストに社外から採用する時は、資格要件を適切に設定し候補者を厳正に評価・照会したとしても、ミスマッチを完全になくすことは不可能だろう。ある有能なＣＥＯに言わせると、社外候補者のヒット率は五〇%だという。大学・大学院から優秀な幹部候補生を十分に確保しておけば、社外から急遽採用せざるを得ない事態は最小限に抑えられるはずだ。

幹部職の能力開発

経営もファッションと同じで流行がある。一九五〇年代の流行は「リーダー育成」で、このテーマに大量の人員と資金が注ぎ込まれた。しかし私の見るところ、幹部の育成が重要だと気づかせる効果があったくらいで、さほど役に立ったとは言えないようである。

「よき経営幹部となるために」といった幹部育成コースでは、「役に立つ一〇〇のポイント」の類が指導され、しかもポイントの多くには一〇〜二五ものサブポイントが並ぶ。たとえばあるコースのポイント九九には、「個人的な感情、好み、偏見を仕事に持ち込んではならない」を筆頭にサブポイントが一七項目もある。

経営について書かれた文言で、これほど平凡なものはおそらくそうはないだろう。ともあれこうした「教え」は、本当に出世したい人が真面目に学ぶなら決して有害ではない——なかなかいいことが書かれている。だが私はここでこれ以上当たり前のことは言いたくない。優れた企業ではどんなふうに幹部を育成しているのか実例を紹介し、経営システムの一環として幹部人事を考えるのが本章の目的である。経営システムに組み込まれて初めて幹部育成の効果は上がると私は信じている。

なぜなら私の長年の観察によると、人材が育つかどうか、学習意欲を抱くかどうかは、会社の経営のやり方でほとんど決まってしまうからだ。最高の人材開発とは自己啓発にほかならず、本人が学習意欲を持つことが非常に大切である。

自己啓発を促す最も強力な誘因は、現実に手腕を発揮しなければならない状況に直面させることである。能力の発揮を求めるのが決して上司ではなく、あくまで状況である点に注意してほしい。戦争体験のない若者が、いざ戦時となると見事に軍隊を指揮することを考えれば、この点はよく理解できるだろう。それが可能なのは、戦場では自分の命も仲間の命も自らの能力にかかっているからだ。もう一つ例を挙げよう。一九五六年にナセル大統領がスエズ運河の国有化を強行した時のことである。全長一〇三マイルに達する運河は狭くて浅瀬が多く水先案内業務には熟練を要するので、外国人水先案内人が引き揚げてしまったらナセルには運河の運営はできまいというのが大方の見方だった。しかし一四〇人の外国人水先案内人が全員退去してしまったわずか一週間後には、エジプト人水先案内人のチームが二五三隻もの船を無事に案内したとAP通信は伝えている(原注4)。

ビジネスの場面で手腕の発揮が要請される状況とは、責任の重圧を感じるような仕事が与えられた時である。こんな時こそ自己啓発が行われ、才能は大いに花開くであろう。そして職場は学習環境にほかならないので、能力は自ずと――つまりほぼ自動的に――開発されるはずだ。ガードナーは著書『自己再生』の中で、「能力開発の少なくとも一部は、人と環境との対話を通じて行われる。本人に学ぶ意欲があり、環境がそれを要請するならば、能力は必ず伸びる(原注5)」と述べている。

それでは、どんな経営システムの下で自己啓発を促す状況がつくりだされるのだろうか。おそらく市場経済では、自分で事業を営む個人事業主ほど、モチベーションが高く生産性の高い人はほかにいないだろう。だれからも何も教えてもらえない個人事業主が決意と熱意にあふれ、効率よく仕事をこなすのは、彼が事業の遂行に対しても、また結果に対しても責任があるからだ。要するに失敗も成功も——金銭的な意味だけでなく名誉や充足感の点でも——仕事の成果と直結しており、報酬は努力ではなく成果にかかっているのである。

となれば大企業でも、幹部一人ひとりが個人事業主となるような状況を作り出せばいいことになる。優れた企業は幹部全員に自分の決断と行動に対して責任を負わせ、こうした状況を強制的につくり出している。ここで注意してほしいのは、責任には二種類あるという点だ。明確に規定された仕事を与えられ、その遂行を期待されている時、その人にはその仕事をやり遂げる遂行責任(responsibility)がある。さらにその人が遂行に必要な権限も与えられており、遂行の結果によって評価され報奨あるいは処罰を受ける場合には、その人には結果についての説明責任(accountability)がある。遂行責任は組織計画によって自ずと決まるが、説明責任のほうは、部下に対する上司の姿勢、つまり部下の行動の結果に対してどれほど責任を取るかによって決まるのである。そして上司のあり方が経営理念を始めとする経営システムの影響を大きく受けるのは、繰り返し述べたとおりである。

経営幹部に遂行責任と説明責任を持たせるために第一に必要なのは、権限委譲である。また適切な業績評価と上司によるコーチングも、自己啓発を促す手段として有効と考えられる。この本ではこの三点――権限委譲、業績評価、コーチング――に絞って論ずる。これらを生かす前提として職場環境も考えなければならないが、こちらについては第8章を参照されたい。なお研修や会議などは人材開発の補助的な手段と考え、本書では取り上げなかった。

権限委譲

権限委譲と幹部社員の能力開発については、ユニリーバの会長を務めたヘイワース卿がまたしても見事な持論を展開している。その一部を以下に紹介しよう。

「幹部職のトレーニングは、地位の上下を問わず、仕事を通じてしかできない。そして上司から権限を与えられない限り、仕事を通じた質的向上は望めない。したがって単に口先だけでなく、本当に権限を委譲しないと意味がないのである。

ところで権限を委譲するとは、ふんぞり返って部下に仕事をやらせることではない。部下を信頼することである。たいていの人は、なかなかそれができない。部下に仕事を命じておき、次には肩越しに覗き込んでミスをしないか見張るといったことをしがちだ。このようなやり方はすぐやめるべきである。また、大丈夫そうな部下にだけ権限を委譲するのも好ましくない。これでは前向きで進取の気性に富んだマネジャーを育てることはできないだろう。

本当の意味で権限委譲をしない限り経営の活性化や効率化は望めないし、経営が停滞して非効率だと権限委譲は行われない。両者の関係が悪循環へと向かうようなら、ぜひとも断ち切るべきである」

ヘイワース卿が指摘した「悪循環」は、さまざまな経営プロセスが引き起こす連鎖反応や相互作用の一例と言える。成功する企業は有能な人材を必要とし、また成功企業にしか人材は集まらないことを考えると、企業はヘイワース卿の貴重な助言に従って戦略を考えるべきである。

第5章で見たように、権限委譲の第一歩は責任と権限を明確に定義することである。やる気のある社員は多くの責任分担を求めるし、会社もそれを奨励すべきだ。チームワークを大切にする社員であれば他人の守備範囲にまで手を出すことはないから、心配はいらない。

「権限はポストに帰属する」という考え方が徹底していれば、権限委譲はスムーズに進むだろう。社員が勝手に仕事を決めたり権限を主張するような事態はまったく好ましくない。職務記述書に権限を明記すれば、「権限＝ポスト」という考え方を社員が理解しやすくなる。

権限がポストでなく人に帰属するような会社では、権限委譲がスムーズに進まない。このような会社の役職者は自分の職責や会社の実態に考えをめぐらせるより先に保身に走りがちだ。逆に事実を尊ぶ会社では権限委譲が進みやすい。だれもが個人的な損得を後回しにして事実を第一に考えるからである。

仕事を始める前にむやみに細かい指示を与えるのも、完了後にやたらに詳細な報告を求めるのも、権限委譲ができていない証拠である。方針や計画などによってすでにある程度のことはわかっているのだから、あまり事細かに指図されると、部下は子供扱いされたように感じるだろう。自分で考え自分で学ぶ余地がなくなり、失敗から学習するチャンスも失われてしまう。何から何まで後で報告しなければならないとわかっている場合も結果は同じである。部下は自分自身の判断で行動せず、上司ならこうするだろうと推しはかってするようになる。

元GM会長のチャールズ・E・ウィルソンは国防長官だった頃、軍の司令官には詳細な命令を出すのかと質問されたことがある。彼は即座に答えた。「詳しい命令を出したことは一度もない。そんなやり方は卵の割り方を指図するようなものだ。私は卵、つまり仕事を渡す。割り方は司令官に任せる」。

部下から仕事の様子を逐一聞きたがる上司も、権限委譲に失敗している。こんな上司の部下からよく聞かれる不満は次のようなものだ。「社長に呼ばれるとうんざりする。こっちが把握していないようなことまで根ほり葉ほり聞きたがるからだ。計画や結果の検討をするならいいが、重箱の隅をつつくようなことばっかりだ。そんなことは知らないし、知りたくもない。だが答えられないと無能扱いされかねないから、些末なことまで部下にいちいち報告させなければならない。僕がえらく時間を使ってあれこれ問いただすから、きっと部下たちは信用されてないと感じているだろうね。こんな具合に社長の悪いやり方が下まで伝染してしまうんだ」。

事業部長クラスの部下を相手に、細かいことまで報告させるようにすれば注意深く行動すると信じ込んでいるCEOが多いのは、実に不思議である。実際には部下は不快になるだけだ。直属の部下も、報告を義務づけられたその下の部下も、少しも能力は伸びていかない。

何かを決める時に大して重要でないことまで上司に上がってくるような会社は、権限委譲がうまくいっていない。その背景には、自分に権限があるのかどうかよくわからない、念のため上司に報告しておいて非難を免れたい、といった部下の側の原因のほかに、決断は自分がしたいと匂わせるなど上司の側の原因がある。とりあえず報告しておきたくなるのは部下の習性なので、上司の側から断ち切ることが必要だ。

業績評価

経営幹部についても報酬や昇進を業績に基づいて行うと決めたら、手順や評価のための書式を用意する。こうした組織的な業績評価は、能力開発にも活用できるはずだ。

だが現実には、業績評価をいい加減なやり方で済ませている会社が多い。その根本原因は、そうしたやり方のよさがわかっていないことにある。せっかく評価用紙にびっしり記入しても有効活用しないのでは、コストがかかって不満が募るだけだ。そもそもあまり意味のない評価項目が並んだ書式では成果は見込めない。

デュポンではよくできた評価プログラムを厳格に運用して人事に関する決定や能力開発に役立て、

実際に利益に貢献している。同社の評価プログラムで参考になりそうな点を、以下に書き出した。

1　業績評価プログラムや評価手順などはそれぞれの会社の目的に合わせて作成する。他社の物真似をしてもうまくいかない。あらゆる条件に当てはまる標準的な方法は存在しないからである。他社のよい例を参考にするにしても、自社の事情に合わせた手直しが必要である。

2　業績評価は、定期的に実施しなければ効果は上がらない。決まった時期にきちんと行い、評価項目や基準を見落とさないよう注意する。評価担当者は十分に時間を取り、責任を持って厳正な情報を記入しなければならない。

最近の業績だけに基づいて報酬や昇進を決める悪しき習慣を断ち切るためにも、定期的な評価が必要である。記憶に新しい事柄が必ずしもその人物をよく表すわけではないし、最近の記憶は感激にしろ失望にしろ強烈なので、どうしても評価が偏りやすい。

3　業績評価をしておきながら活用しないと、結局はプログラムそのものが無用の長物に終わる。業績評価を報酬や昇進に反映すること、業績評価に基づき能力開発を行うことを徹底すべきである。さもないと、そのうちだれもやらなくなるか、形式的な評価で済ませるようになるだろう。部下の人事に関する決断を下す時、上司は必ず評価結果に依拠しなければならない。

コーチング

ある若い営業担当部長に取材した時のことである。彼はいまの地位に就くまで、本当の訓練や指導を一度も受けたことがないという。「前の部署では仕事を通じて大変ためになる経験を積むことができた。でもトレーニングの類は一切受けていない。地区担当マネジャーは八方美人型で、厳しい注意などはまったくしなかった。彼に鍛えられた記憶はないね。いまの上司は全然違うタイプだ。仕事の出来不出来を遠慮なく口にするし、どこが悪くてどうすればよくなるかずけずけ言う。前のボスは嫌いだったし、いまのボスも好きとは言えない。だがいまのボスのことは尊敬しているし、学ぶべき点も多い。あと五年早く彼の下についていたら、もっとよかったんだが」。

たくさんの取材を通じてわかったのは、部下の仕事ぶりに対する評価や改善点を率直に指摘する上司が、結局は感謝され尊敬されることである。そういう上司に対しては、部下が敬愛の念を抱くことすらある。部下の足りない点をはっきり言ってやる上司は部下を育てることができ、彼らの成長から満足感を得ることもできる。

もう一人の幹部社員の例を紹介しよう。私はこの幹部社員に一度取材し、五年後にもう一度話を聞いた。その五年の間に彼は二回昇進し、経営陣としての能力を備え、自分の仕事に熱意と誇りを持っていた。この変身ぶりには大変感銘を受け、何か理由でもあるのかと訊かずにおれなかった。「五年間についた上司が二人とも仕事を完全に任せてくれ、失敗を歯に衣着せずに指摘してくれたから」だと彼は答えた。その成果には会社も彼自身も大いに満足しているに違いない。

コーチングの大切さは、多くの人が認めている。取材で聞いた声をいくつか紹介しよう。

「ボスは最高の先生だ。訓練や研修も悪くはないが、実践にまさるものはない」

「若い社員の能力を開発する早道は、責任ある仕事をする機会を与えること、先輩社員に話を聞いてもらい助言を受けられるよう配慮することだ。つまり若さのエネルギーと勇気に、経験を積んだ上司の判断力を組み合わせればいい」

「部下に欠けている点を指摘し、こちらが何を期待しているのか話す。彼らに対して常に率直であることが大切だ」

長年にわたりたくさんの経営幹部たちと話してきた経験から、コーチングについていくつかアドバイスしたい。

1　部下の気持ちを傷つけまいとするあまり、彼らの失敗や欠点に目をつぶったり、気まずい対決を避けようとしたりする上司が多い。しかしほとんどの部下は本音の批評を聞きたがっているのだ。いざやってみれば思ったほど不快ではなく、むしろ実り多いことがわかる。

2　コーチングは、部下にとっても上司にとっても失敗の記憶が鮮明なうちにすみやかに行う。時間が経つとコーチングの効果は薄れる。

3　人事評価プログラムの一環として、コーチ役の上司は書面による業績評価を行う。そうすれば部下は自分がどう評価されているのかがわかり、不備な点をどう克服するか、有用なアドバイスを受けることができる。

4　アメとムチは場当たり的に使うのではなく、どの場面でも適用できるよう一般的な決まりにまとめておく。この時、経営目標や戦略、行動方針・手順などと関連づけて考える。上に立つ人は、自分の任務はよきＯＪＴインストラクターになることと心得、その名にふさわしい行動を心がける。

ＧＭ、アームストロング・コルクなど優れた企業では、部下の能力開発は上司自身の能力を問う試験の一つと考えられている。「もし今日の午後私が交通事故に遭っても、少なくとも四人が代行できる」と、ＧＭでポンティアック製造担当マネジャーを務めるジョン・ブレーミーは話す。「つまりポンティアック製造グループでは、明日の朝私の代わりができる人間が四人いるってことだ。万一の事態になった時に、たとえポンティアック事業部内でも製造グループ外で人を探さなければならないようだと、私は職務怠慢呼ばわりされるだろうね(原注6)」。

第7章 事業計画・業務計画とコントロール・システム

——道順を決めるシグナルを設置する

ある多角化企業の消費者向け製品部門の話である。この部門は五年間にわたり増収増益を達成してきた。そして好調な業績に基づき、新工場を建設するため多額の設備投資を行った。ところが数カ月と経たないうちに、好調だったはずのこの部門は赤字に転換してしまう。CEOはショックを受ける。一体何が起きたのか。

事は単純である。毎年この部門は、定評あるブランドの販売地域を拡大していった。その際に既存の地盤向けの宣伝広告費を切り詰め、その分を新規参入地域に振り向けるというやり方を続けてきた。五年にわたって増収増益が続けられたのは、既存地域の業績——横這いか、落ち込んだ地域もあった——を新規参入地域の分でカバーしてきたからにほかならない。そして競争が激化して地域的拡大に歯止めがかかり、しかもあらゆる販売地域で広告を打たなければならなくなった途端、当然ながら利益は吹き飛んでしまったのである。

最初、CEOは工場をいくつか閉鎖しコストを削減して苦境を乗り切ろうとした。だが次には業務計画とコントロール機能を全社的に見直さざるを得なくなった。この二つが適切に設計されうまく実行されないと、経営のシステムは成り立たないと気づいたからである。

計画立案プロセスの最終段階として

第3章で見たように、計画立案は連続的なプロセスであって、分断することはできない。すなわち最初に立てる戦略計画の意図を、計画立案プロセスの最後まで貫き通す。さもないと経営幹部は、一方では予算を通じて財務コントロールをしておきながら、他方では業務のコントロールができなくなってしまう。先ほどのCEOが高い代償を払って学んだのはこのことだった。

計画立案プロセスの最終段階、すなわちこの章で扱う事業計画と業務計画を立てるためには、経営幹部は会社全体と個別の事業部の先行きを深く掘り下げて考えなければならない。このような縛りがないと、取り組むべき重大問題を見落としたり、つかむべきチャンスを見逃すといったことになりやすい。それに事業を見直せば、当然ながら戦略計画も再検討される。

これまでの章を通じて経営システムの全貌が明らかになったところで、いよいよ計画立案プロセスの最終段階に取りかかることにしよう。まずは中期的な事業計画、そして次が短期的な業務計画である。業務計画は、年間予算や設備投資計画の基礎となる。最後に経営システムのコントロール（統制）機能について簡単に触れ、事業計画や業務計画を活用する方法にも言及する。計画（事業計画・業務計画・予算計画）は、事業が前へ進む道である。そしてコントロール・システムは、事業の進行状況を知らせる信号灯なのである。

一連の流れである計画立案プロセスのうち、本の終わりに近い第7章に業務計画を据えたのは、経営システムの他のあらゆる要素の影響がここに反映されるからである。経営理念、戦略計画、事業計画、行動方針・基準・手順、組織計画がすべて盛り込まれるのが業務計画なのだ。向こう一年間の決定はどれも業務計画に基づいて下され、実行されることになる。この意味で、業務計画は経営システムのあらゆる要素を結びつける役割を果たすと同時に、あらゆる要素の関わり合いをシステム全体に伝達する役割も果たすと言えるだろう。すでに立てた戦略（市場戦略・利益戦略・人材戦略）を毎日の業務の中で効率的に実践していくためには、業務計画が必要なのである。

公式の計画立案はなぜ大切か

事業計画・業務計画や第3章で論じた戦略計画を会社として公式に立案するためには、経営幹部が多くの時間とエネルギーを注ぎ込まなければならない。この難事業に乗り出す前に、計画を立てるとどんなメリットがあるのか知りたいと思うのは当然だろう。主なものを以下に挙げる。

会社の舵取りに必要な情報を把握できる

企業、特に事業部制を採る企業では、各事業部から提出される計画案は経営幹部にとって貴重な情報であり、戦略を立て大きな方向を決める土台となる。計画案に目を通すおかげで各事業部について知り、事実に基づいて客観的に分析することができる。入手した情報は事業部の魅力を比較検討する手がかりとなるほか、資金・人材など経営資源をよりよく配分する役にも立つ。またこうした情報から、事業の展望に大きく影響するような製品・市場の動向、競争状況や技術の変化も見えてくるはずだ。

経営陣によるレビューの共通の枠組みとなる

事業部の計画案は評価・分析の標準的なフレームワークの役割を果たすので、計画や予算を検討する時に、個別事業についていちいち細かく知っておく必要がない。事業計画は、多数の事業部が多種多様な事業を展開しているような大企業では特に意義が大きい。

重要な利益要因に集中できる

会社として公式に計画を立てるようにすれば、利益を損ないかねない重大な問題あるいは増益につながるような機会に経営陣の注意が向かう。したがって目標を達成すると同時に、問題に対処し機会をとらえるような計画が自ずと必要になってくる。目標やその達成状況に経営陣の目を向けさせる効果もある。

重大事に至る前にチェック機能が働く

事業計画と業務計画の立案プロセスでは、経営陣に事前チェックの機会が提供される。このため、たとえば事業部制を採る会社であっても、「横槍を入れた」という印象を与えずに経営陣が各事業部の到達目標や計画を吟味できる。計画と予算を承認するのは彼らの役目だからだ。冒頭に挙げた、予想外の大幅減益に遭遇した消費者向け製品事業部にも正規の予算計画はあった。しかし計画立案プロセスが整備されていなかったため、経営陣は大元の計画を知らないままに、収益予想だけを毎期承認していたのだった。

適切な権限委譲ができる

正しい手順を踏んで立てられた事業計画を見れば、経営陣は事業の重要な要素をすべて定性的・定量的に評価できる。したがってCEOは自信を持って権限を委譲できるし、そうしても「軒を貸して母屋を取られる」ことはない。この本で勧める計画立案プロセスは、財務面のみならず事業内容にも深く関わりながら、事業部への権限委譲とは少しも矛盾しないのである。ただし、目標に一致する予算の提出だけを条件として事業部長に全面的に責任と権限を委譲するのは、まったくの愚行と心得るべきである。

事業計画と業務計画を承認する前につぶさに検討すれば、必ず問題点が見えてくるはずだ。そうすれば、あらかじめ手を打つことができる。この仕組みがあれば、たとえば冒頭に挙げた消費者向け製品事業部も大幅減益という事態にならずに済み、まったく違った展開になったかもしれない。おそらくは無謀な工場新設は却下され、別の計画が用意されただろう。本社の経営陣も事業部の長も、事業計画案に目を通して数字だけでなく事業内容にまで踏み込み、各事業部の長期的な「健康状態」をチェックすべきである。そのうえで権限を委譲するならば、コントロール機能まで明け渡すことにはならない。

業績評価の精度が向上する

予算計画で掲げられた財務目標が達成されたかどうかだけを基準にして業績を評価する企業が大変多い。だがこれでは数値的な評価としても不十分なうえ、質的な評価がまったく行われないことになってしまう。冒頭の例からもわかるように、予算どおりに運営されていても経営陣のコントロールがきかなくなる事態は往々にして起こる。何年にもわたって素晴らしい業績を上げた挙げ句に突然赤字に転落して経営陣を驚愕させる可能性は十分にあるのだ。

計画立案が適切に行われていれば、経営陣は定性的・定量的な判断基準を持つことになる。それより何より、計画立案プロセスがきちんと実行されるかどうかが、すでに定性的な評価基準の一つとなろう。そして計画がスケジュールどおり進行しているか、予算計画どおりの結果が出ているかチェックすることにより、経営陣は年間を通じて計画と照合しながら各事業部の業績を評価できる。そのため承認済みの事業計画は、単なる予算に比べ、各部の業績を把握する多面的な基準となる。また各事業部の長も、部下の業績を同様の手法で評価できる。たとえばリーダー一人ひとりが計画を予定どおり進行させているか、計画どおりの結果を出しているか、チェックすればよい。

計画立案プロセスには以上のようなたくさんのメリットがある。ほかにも好ましい副産物が二つある。第一は、計画を立てれば優先順位がつけられ事業活動の調整が行われることだ。その結果、全社の長期的成功のカギを握る戦略課題に時間とエネルギーを集中できる。そして第二の副産物は、計画立案が経営幹部や事業部の長にとってまたとないトレーニングになることである。計画を立てるには、会社全体あるいは事業部全体について深く客観的に考えなければならないのだ。

事業計画を立てる

事業計画は、計画立案プロセスの中間に位置する。この段階ではおおまかな戦略計画を中期的な実行計画に落とし込み、書面で作成する。この事業計画から一年単位の業務計画を起こし、業務計画から予算を編成する。

計画立案プロセスを三段階に分け、事業計画を別個に立てるほうが好ましいと私は考えている。前にも書いたが、事業計画を立てる時、同時に目標や戦略を再検討することができるからだ。その結果、戦略を立て直す必要が出てくることもあるだろう。事業計画は戦略と深く結びついており、戦略立案のための分析に基づいて立てられるものであるから、事業計画こそ計画立案プロセスの中心的存在である。戦略計画から業務計画への橋渡しをするのが、この事業計画なのだ。なお実際の計画立案プロセスでは、事業計画とほぼ同時進行で業務計画を立てることになる。

事業計画は戦略と同じく特に年限は定めず、合理的な予想ができる範囲内であれば、何年先まで視野に入れてもかまわない。ここが業務計画と大きく違う点である。しかしおおむね二～三年程度の計画が多い。四年以上先になると、大方の業種では変化が予測できないので、計画は机上の空論になりやすい。しかしなかには化学や鉄鋼など、新規設備を数年前から計画・建設しなければならない業種もある。したがってかなり前倒しの予想が必要かどうか、またそれが現実に可能かどうか、の二点から事業計画のスパンを決めるとよいだろう。また二〜三年先を見通した時、ただちに実行すべきものが判明したら、それは単年度の業務計画に含める。

事業計画をしっかり立てると、計画立案プロセスそのものを単純化できるというメリットもある。計画立案と承認には、十分に時間をかけてほしい。

事業計画は、会社全体・事業部・事業ごとに書面で作成する。基本となる事業ごとの計画には、次の項目を盛り込む。

- 業界の展望と自社のポジショニング
- 到達目標
- 主な問題点と機会
- アクション・プログラム
- 財務上の影響

なお、事業計画は機能別ではない点に注意してほしい。販売、設計、製造といった機能別に問題点や機会を拾うのではなく、機能を超えた広い範囲に目配りして問題点や機会を探る。個別の機能部門についての計画は、業務計画の段階で行う。

つまり事業計画は機能横断型、業務計画は機能別となる。事業計画では経営資源をどう配分するか検討し決定を下す。こうして戦略の骨組みに肉づけすると同時に、実行可能性を吟味する。

業務計画では最終的な結果につなげられるよう細かい手順を決めなければいけないが、事業計画で決めるのは大きな流れである。たとえばシェア拡大という大きな目標があるとしたら、事業計画では有望クライアント二〇〇〇社の調査をいつまでにどの部署で行うかを決める。そして業務計画では調査実施に必要な手順をすべて網羅し、分担ごとの責任者、各段階の実施期限といった細部を決定する。

それでは事業計画の五つの項目について、どんな情報を集めどんな点に注意すればよいか、簡単に説明しよう。

業界の展望と自社のポジショニング

業界の特徴や収益性の見通し、それに自社の競争上のポジショニングは、戦略計画を立てる段階でかなり詳しく分析されているはずだ。事業計画はこの時の分析に基づいて立てるのが基本であり、戦略と整合させるためにもダブって分析するのは避ける。ただし年度ごとの見直しでは、自社の事業や業界の展望について改めて体系的に考える必要がある。

このように経営幹部は、最低でも年一回、カギとなる成功要因（たとえば新しい製造プロセスなど）の変化を見きわめ、業界の長期的な収益性を示す動向をチェックする機会を持つ。その結果、もっと詳しい分析が必要になるかもしれないし、業界に対する見方や自社の位置づけが変わるかもしれない。こうした作業は、業界に働く力のベクトルを理解し、それが自社にとって何を意味するかを深く考えるきっかけとなるだろう。

この時に欠かせないのが、正確なデータである。戦略計画の段階で収集した基本情報を補う新しい情報が必要であり、正確な数字が入手できない場合でも、できるだけ信頼度の高い予測を用意しなければならない。事業計画の段階で必要な最新のデータとしては、次のようなものがある。

- 製品別・セグメント別の業界の成長率
- 競合企業の動向（事業拡大・合併買収など）
- 生産能力と需要の動向
- コストと価格の動向
- 業界の投資利益率

まず最初にすべきなのは、自社が所属する業界が成長途上なのか衰退しているのかを見きわめることだ。また成長中だとすれば、ペースはどの程度なのか。この点は、会社や事業部の収益見通しを左右する重要な要因である。

次に、会社あるいは事業部のポジショニングを検討する。この段階では国内外の競争状況を検討し、自社事業の将来や収益性に影響を及ぼすような重要な動きに注目する。

製品ラインや市場の競争状況は、市場戦略と関連づけて評価する。顧客の動向に注意し、自社製品、サービス、ブランドのポジショニングや価格設定に影響を及ぼすような変化を洗い出す。また製品構成の弱点や、際立った競争優位なども見きわめる。

そして最後に、事業ごとに重要なポイントと今後の動向を簡単に説明してこの項目を締めくくる。今後の動向としては、①市場の概要と規模・成長率、②生産量・生産能力・主要市場におけるポジショニングとコスト動向、③長期的な収益見通し、を含めるとよいだろう。自社に特に競争優位性があれば将来的にそれを活用できるよう、説明に盛り込む。また特に不利な点があればそれも明記して、対応策を立てられるようにする。状況変化に受動的に対応するのではなく、現在起こりつつある変化とそれが持つ意味をはっきり指摘することが事業計画の要諦である。

到達目標

業界の展望や自社のポジショニングが明らかになったら、それに基づいて到達目標（数値目標）を立てる。そしてこの目標に沿って、事業計画と業務計画を立てる。

デュポンは業界に先駆けて、事業部の到達目標として投資利益率の改善を掲げたことで知られる。この到達目標は、事業部の幹部にとって大変厳しいものだった。計画に掲げた利益率と実際の利益率によって自分たちの業績が判断されることを、彼らは重々承知していたからである。数年前、この取り組みの厳しさが図らずも世間に知られるところとなった。ある会社がナイロン工場の新規建設を発表したまさに同じ日に、デュポンは不振続きだったナイロン工場の清算を発表したのである。

到達目標としては、投資利益率のほかにも目標を掲げるほうがいい。シェアや売上高でもいいし、投下資本、増益率、株価、株価収益率でもいいだろう。どんな目標にせよ、相当な努力を払って初めて実現可能な水準であることが必要である。AT&Tの会長を務めたフレデリック・R・カッペルが言うとおり、「企業の活力が衰えてきたら、それは、挑戦し甲斐のある新しい目標の設定に失敗した証拠(原注1)」なのである。

なお、財務面の目標と同じぐらい、業務面の目標も大切である。たとえば有能な経営陣はシェアに常に目を光らせ、短期的な増益のためにシェアを犠牲にするような愚は犯さない。このように、目標は複数設定することが望ましい。

どんな目標を立てるかは、言うまでもなく会社や事業部の状況に応じて変わってくる。たとえば資本金や社員の数がそれほど大きくない会社では、希少な経営資源を無駄にしないような目標を立てなければならない。

それでは、どんな到達目標の組み合わせが会社の成功に最も貢献できるだろうか。それを決める時こそ経営システムを有効活用し、経営陣の能力と判断力を総動員しなければならない。業界の動向と収益構造、自社の競争上のポジショニング、自社の戦略計画その他もろもろのファクターを考慮することが必要だ。到達目標の立て方に万能の原則などあるわけもないが、大手企業で目標設定に長年関わってきた経験から、参考までにいくつかの指針を掲げておきたい。

到達目標の活用

事業計画・業務計画は、到達目標の達成を目指すための計画である。計画が承認されるためには、到達目標を実現できる計画でなければならない。到達目標は戦略と関連づけられて、会社の大きな目標の実現を後押しするものである。到達目標は、戦略に応じて多少の手直しをする。たとえばシェアの大幅拡大を達成するためなら、利益率の数値目標を多少低めに設定し直すといったことが考えられる。

到達目標の評価

到達目標は、業界の展望、業界・自社の収益構造、自社のポジショニングを綿密に分析したうえで決定する。目標が計画立案や意思決定に与える影響にも注意が必要だ。目標というものは社員のやる気を引き出す重要な手段であるから、必ず経営幹部がその意図を十分に検討したうえで最終決定を下すようにする。

目標の数

目標が一つだけであれば（たとえば投資利益率○○%）、その後の計画立案で的を絞り込みやすい。だがこの場合、目先にとらわれた計画になりがちなことも事実である。特に管理職の報酬や昇進を短期業績に連動して決める仕組みになっている時が危ない。こんな時は、財務目標を補う意味で、業務目標を据えるとよい。売上高あるいはシェアの拡大、新規顧客の開拓、重要なスキルの修得、生産性の向上、コスト削減などが考えられる。

そうした目標が設定されていれば、経営陣は財務指標以外のものにも目が行き届くようになり、会社や事業部の競争力、業績などに何か問題が起きても見逃さずに済むはずだ。たとえば消費者向け製品を扱うある企業の経営陣は、利益目標のほかに二つの目標を設定しており、事業部は主要製品グループごとに、顧客動向に十分な注意を払う仕組みになっている。

目標の現実性

到達目標は、実現可能であると同時に達成困難でもあるべきだ。達成不能ではいけないが、精一杯の努力を求められる目標であってほしい。チャレンジングな目標でなければ現状の打破は望めない。目標を立てる時に、業界動向や競争上のポジショニング、戦略計画の実行方法などを緻密に分析する必要があるのはこのためである。

主な問題点と機会

どんな事業にも、常に問題点と機会がある。これらは外部の市場・競争構造の変化からによるものもあれば、社内条件に由来するものもある。そして事業の成否は、どれだけ素早くそうした要因を見きわめ対処するかに大きく左右されるのである。

本書で勧める計画立案のアプローチでは、事業計画を立てる段階で重大な問題や機会を洗い出し、どう取り組むかを考える。おそらく多くの会社では、経営幹部は問題点や機会をちゃんと把握してそれぞれのやり方で取り組んでいることだろう。正規の事業計画の中に問題点や機会を改めて明記するのは、それらを確実に計画の中に織り込み、危機が訪れるのを座して待つ愚を犯さないようにするためである。

問題点や機会は、ただ列挙するだけではいけない。経営陣が相対的な重要度を把握し、注意を払い、どれだけの経営資源を割り当てるか決められるよう、それぞれを数値化して明記する必要がある。たとえば問題点は、次のように表記するとよい。

「マーティンバーグ工場は過剰設備を抱えており、それは売上高三〇〇万ドルに相当する（あるいは、二〇％増加した）。遊休施設をフル稼働させるためには、人件費その他のコスト（原材料費を除く）として七五万ドルが必要である（「マーティンバーグ工場は設備過剰である」だけでは不十分である）」

事業部の事業計画では、こんなふうに書くといいだろう。

● 設備をフル稼働させるためには、生産量を約三〇％増やす必要がある。
● 主要市場で競争力を確保するためには、製造コストを一五％削減し、損益分岐点を生産能力の五〇％まで下げる必要がある。
● 商用車市場で競争優位に立つためには、納期を少なくとも二〇％は短縮する必要がある。
● 投資利益率の目標を達成するためには、事業部の設備投資を一五〇万ドル切り詰める。

主な問題点や機会をこのように明確に数値化するためには、各事業部は従来の抽象的な目標とはまったく違う目標を設定しなければならない。事業部制を採る会社では、取るべき対策、重要な懸念材料、有利な機会などを事業部長から経営陣に上げなければならず、そうなれば、できるだけ短期間で問題点に対処し機会を生かす計画を立てることになるだろう。こんな具合にして経営陣と事業部長とのコミュニケーションが具体的で意義のあるものとなり、計画から非現実的な要素を取り除くことができる。

アクション・プログラム

問題点と機会が明らかになったら、次に、問題点に対処し、目標達成のためのアクション・プログラムを立てる。また責任分担や達成期限も明確にする。

アクション・プログラムは事業計画の中心的な要素であり、これがあって初めて事業計画は単なる予想や机上の空論ではなくなる。アクション・プログラムは、その名前からして何らかの行動を起こすことである。そしてこれこそが経営の最も重要で最も難しい要素であり、何かが起こるに任せ、起きたあとで対処する姿勢と峻別されるべきものである。

企業経営の基本的な責任は、このアクション・プログラムに凝縮されるとさえ言っていいだろう。なぜならこのプログラムは、だれが、何を、どんなスケジュールで実行するかを明確にするものだからである（なお、先ほども書いたように、一年以内に実行することは年間業務計画に組み入れられる）。

すでに明らかにされた問題点や機会から見て、個別のアクション・プログラムが必要となるケースもあるだろう。たとえば価格競争力をつけるために製造コストを一〇％削減する場合には、三種類のプログラムが必要になる。第一は原料に対する歩留まりを改善するプログラム、第二は生産性を改善するプログラム、第三が最終コストを切り詰めるプログラムである。それぞれのプログラムには数値目標を設定し、責任分担と期限を決める。これらをさらに煮詰めて業務計画に落とし込んでいく。

アクション・プログラムを立てる時は、具体的な条件を満たせるよう詳しい分析が必要であり、問題点と機会は必ず数値化する。たとえばコスト節減であれば数値で目標額を決め、進捗状況を客観的に把握できるようにするほか、目標達成のための行動を具体的に指示する。

アクション・プログラムにはできるだけ複数の代案を用意し、目標の達成方法や問題への対処の仕方、機会のとらえ方を経営陣が取捨選択できるようにする。評価の参考になるよう、代替案の長所短所を明確に示す。

具体的なアクション・プログラムを用意すると、経営陣は事業計画の評価がしやすくなる。だがアクション・プログラムがうまく活用されている会社は少ない。大雑把すぎるケースもあれば、細かい点に立ち入りすぎて一向に決まらないケースもある。両者のバランスを取ることが大切なのは言うまでもないだろう。あまりに緻密なプログラムを立てるのは、時間やエネルギーの浪費である。かと言っておおまかすぎては具体的にどう行動すればいいのかわからないし、計画の評価や結果の測定の役にも立たない。

うまくバランスを取るにはどうすればいいか。評価に当たって優れた経営幹部なら必ずするはずの五つの質問を以下に掲げるので、それに答えられるような情報を集めるとよい。

● 問題点や機会に取り組むうえでプログラムはどのように役に立つのか

- 複数の案のなかでベストはどれか
- 全社の利益にどれほど貢献できるのか
- プログラムの監督役はだれで、何をすればいいのか
- プログラムはいつまでに完了するのか

プログラムの実行に協力する立場の幹部が同じ事業部内にいるのであれば、それほど細かく計画する必要はない。また経営幹部は、事業計画自体が効果的に実行されることが確認できればよく、あまり細部にわたる必要はない。計画の眼目である数値目標と期限がきっちり定まっていればよい。最後の詰めは現場の社員の責任であって、事業計画や業務計画に書き込むには及ばない。実際にも、「アクション」の細部は一度も書面にされることなく実行されるものである。

計画をどこまで細かく決めるかは、経験を通じて自ずとわかってくるだろう。計画立案の手順や匙加減は経験からしか学べず、そのせいもあって、効率的な計画立案プロセスを根づかせるのには時間がかかる。だが本書の中に繰り返し書いたように、会社として正式な計画を立てるメリットは大きい。初めてすることは何事も難しいのである。

財務上の影響

事業計画の最後の項目は、計画が業績に与える影響を見積もり、それが目標達成にどのように寄与するか説明することである。具体的には、次のような質問に答えられる情報を掲載する。

- この計画で到達目標は達成できるのか。目標そのものは妥当なのか。困難すぎるのではないか
- 過去の業績に比べ、利益面で大幅な改善が期待できるのか
- 追加の資金投入はどの程度必要か

財務部門は、この段階で次のような重要な役割を果たす。

- 事業計画・業務計画が財務面に及ぼす影響について情報を提供する。これらの情報は、各事業部が計画を立てる時に必要なものである
- 事業計画・業務計画の資金を手当するために、資金調達や信用取り付けの手配をする
- 会計・借入・税金など、事業計画・業務計画の財務面を担当する
- 計画立案プロセスの全段階で助言を与える

計画案の承認

以上のような流れで事業計画に取り組めば、経営幹部は先手先手を取って会社全体や事業部の舵取りができる。計画立案プロセスの第一段階では戦略策定に直接携わり、第二・第三段階では計画案をチェックし承認するというかたちで関わることになるからだ。詳しく言うと、最初の段階では経営目標・到達目標の設定と承認、戦略の承認に責任を持つ。あとの段階では事業計画・業務計画・予算に目を通し、承認した戦略を各事業部がきちんと実行しているか、設定した目標を達成できそうか、監督することになる。

経営陣は従来、業務内容に踏み込まないまま予算を配分するだけで、言わば目隠しをされたような状況にあった。しかしこの章で論じた計画立案プロセスを経るならば、目隠しは外れるであろう。もちろん従来の方式でも、ある事業部の提案が気に入らなければ、「予算をつけない」と脅すことはできる。だがそんなことをすれば、提案者である事業部と敵対することになってしまう。

この章で論じたように、事業計画を立てるに当たって複数の代替案を用意するか少なくとも十分な情報を書き添え、否応なく一つの案を認めざるを得ないような事態を避けるならば、ずっといい結果が出るはずだ。代替案にもそれぞれ予算を算出するほか、売上高・利益・人員構成への影響を数字で明確に示し、質的な要因も書き添える。そのうえで事業部として最善と考える案を推奨する。

こうしておけば経営陣は十分に選択肢を吟味したうえで決断を下せるので、実質的に計画立案に参加でき、効果的にコントロール機能を果たすことが可能になる。

一言で言えば、経営チームと事業部が一体となり、事実に基づいて計画を立てるのである。それは、自社に有利になるよう未来に働きかける行動のための計画である。このように計画を立てるなら、経営幹部が予想外の事態に腰を抜かすこともなくなるし、会社を成り行き任せにすることもなくなるだろう。

業務計画を立てる

事業計画が承認されれば、計画立案プロセスの最後の部分、すなわち年間業務計画と予算の策定はスムーズに運ぶ。年間業務計画では、事業計画のうち次年度にすることを詳しく決めて期限を設定すればよい。周到に立てられた事業計画には業務計画の基礎となる要素やそのほかの必要情報がすでに含まれている。

業務計画の多くは、次の二つのうちどちらかのかたちをとる。

- 第一は、事業計画と同じ方式である。ただし細部を詰め、部門別に段階を追ってスケジュールを決めていく。ある会社が作成したこのタイプの業務計画では、部門別の「計画の概要」「手順」「分担と実施時期」「業績への影響」「進捗状況」がまとめられていた。

各部署は、事業計画を参照しながら、今後一年間の自分たちの活動を決めていく。会社全体としての大きな戦略はのべつ変更されるような性格のものではないから、一年の間に方針を大転換する部署はそう多くはないだろう。しかしチャレンジングな到達目標が定められている以上、どこも何とかして業績を改善していかなければならない。たとえばある会社では、部長から職長に至る管理職全員がそれぞれ業績改善とコスト削減のための年間計画を立てている。

業務計画が出来上がったら、それに基づいて年間予算を組む。そして経営幹部に提出して承認を得る。

●第二のタイプでも、事業計画を実行する手順を決める点は同じである。ただし計画立案のやり方が違い、業務計画だけを立てるのではなく、会社・事業部・部門の計画と顧客別・製品別の計画を階層的に立案し、それぞれに数値データを用意する。次に計画案とデータを使って会社・事業部の業務予算・設備投資予算を編成する。最終計画と予算に経営幹部の承認を得るのは第一のタイプと同じである。

どちらの方法を採るにせよ、売上高や利益に関して掲げられた数字は目標であって、単なる予想ではない。この目標を決めた経営陣は数字の達成に全力を挙げ、計画もそれを目指して立てなければならない。このような態勢ができていれば、会社は事業環境の変化に翻弄されずに済む。明確な目標に向けて邁進する会社は、単に未来を予想するのではなく、未来を自らの手で変えようとするのである。

計画立案プロセスの最後を締めくくる業務計画は、だれにでもわかりやすく、具体的で、実行可能でなければならない。この章で紹介したようなやり方で計画を立てるなら、社員が取るあらゆる行動は、自ずと戦略に沿ったものとなるはずだ。

業務計画は経営システム全体を次年度に向けて具体化し、社員の行動を導く役割を果たす。業務計画によってシステムのすべての要素は統合され、実行へと押し出されるのである。同時に経営システムそのものは――経営理念、行動方針・基準、責任・権限の委譲を通じて――計画実行の任にあるマネジャーを導く役割を果たす。このようにシステムを構成するすべての要素が影響し合い補い合って、経営に相乗効果をもたらすのである。

企画スタッフ

全社または事業部の計画立案を担当するスタッフについてはすでに論じたので、ここでは少し付け加えるだけにとどめよう。

この仕事を担当するスタッフの肩書きには、「経営企画」とか「事業企画」のように担当をはっきりと入れるべきだと私は考えている。そうすれば、このスタッフが全社なり事業部なりの計画立案を補佐することがだれにでもわかる。この点は大変重要である。と言うのも、計画を立てるのはCEOや事業部長であり、スタッフは彼らに代わって計画を立てるのではなく、またそうすべきではないからだ。

企画スタッフの仕事は、計画立案のあらゆる段階――戦略計画・事業計画・業務計画――でラインの部長を手助けすることである。事実を収集し分析する、計画の試案をつくる、などがスタッフの仕事だ。また戦略計画・事業計画のために業界動向や競争条件に関する新しい情報を入手するのも、彼らの役割である。社外から入って来る情報はもちろん、社内のマーケティング担当部長や財務担当部長などからも情報を集める。

だが企画スタッフは、ラインの部長に代わって計画立案をしてはいけない。代わりではなく一緒に計画を立てる。こうした関係をつくっておけば、スタッフは「チームメート」である部長に助言を与えたり、計画案を批評しやすくなる。

コントロール・システム

計画立案すなわち計画を立てることと、コントロールすなわち実際の行動が計画に一致するよう監督指導することは、表裏一体の関係にある。経営学の専門家のなかには両者は不可分だと主張する者もいるが、私は切り離せると考えるし、それが望ましいと信じている。

コントロール・システムとは何か

数年前、イギリス最大の食品・服飾チェーン、マークス・アンド・スペンサーの重役が、ロンドン本社で開いた展示会に招待してくれたことがある。それは、同社のコントロール・システムが「改善前・改善後」にどれほど変わったかを示す展示会だった。

「改善前」の部には、膨大なデータや微に入り細に入り情報を収集するための多種多様かつ複雑な書式や伝票の類が展示されている。項目ごとに束ねられラベルが貼られていたが、一目見ただけでも、いかに非効率でコストがかかり、システム全体がどれほど馬鹿げているかがよくわかる代物だった。「改善後」の部になると、書式や伝票の数は大幅に減り、どれも単純明快で、明らかに役に立つ必要情報だけが記載されるようになっていた。

展示会は強烈な印象を与えるように工夫されており、その目的は十分に達せられたと言える。ある一つの部屋には、数千アイテムの買い付けと販売を管理するための書式が展示されていた。また別の部屋には店舗建設のための書式、ほかの部屋には店舗スタッフの雇用・評価・昇進・給与に関する書式……という具合に、広範囲にわたる複雑きわまりないビジネスをこなしていくためのあらゆる書類が公開された。

これらの書式はどれも、情報の提供が目的である。そして情報は、経営幹部が意思決定や行動をする時の手がかりとなる。たとえば在庫過剰を示す情報を受け取ったら、資材調達部がペースダウンするか、営業が頑張るか、あるいは計画そのものの変更が必要になるだろう。また行動規範の違反を裏づける情報が出てきたら、是正や処罰が必要になる。

この意味で、コントロール・システムとは情報システムである。コントロール・システムから提供される情報は行動を促す。ただし情報から自動的に行動が起こされるわけではなく（もしそうなら、有能なマネジャーなど不要である）、情報は経営幹部の意思や判断に影響を与えるだけである。そして経営幹部は、その状況で最善と判断した行動を取る。

なお企業経営で言うコントロールは、単に枠をはめて統制するのではなく、何らかのモチベーションを与えて行動を変えさせるという意味で使う。このため私はコントロール・システムを単一のものと考えず、二つの要素に分けるべきだと思っている。一つは経営情報を提供すること、もう一つはモチベーションを与えることである。

経営情報の提供という面に注目すれば、コントロール機能を正しく実行できるはずだ。経営幹部が社員を活性化させ、計画の実行を促進するためには、①そもそもどんなデータに基づいて計画を立てたのか、②計画を実行した社員の業績はどうか、③実際に何が起きたのか、という三種類の情報が必要である。事前データ→業績→フィードバックの流れが、行動を促す役割を果たす。

経営情報の提供

マネジャーが計画と実際との比較評価をするためには、実際の状況を測定したデータが必要である。適切な成果が上がっているか、そもそもの目標や計画が妥当なのかを判断するためには、正確なデータが欠かせない。したがってフィードバックや業績評価などにより、いい結果が出ないのは計画が悪いのか、それとも社員に問題があるのかを知らせる必要がある。

このように適切な経営情報の流通は重要である。以下に、実際に経営情報システムを構築する時の注意点をいくつか挙げておく。

1　経営情報はあくまでも意思決定と行動の参考にするために収集するものなので、必要以上に詳しい情報を集めるのは無駄である。システム導入に先立って情報収集のプロセスをよく吟味しておけば、相当程度に手順を簡略化できるはずだ。コンピュータの処理能力を前にするとつい大量の情報を要求したくなるが、それは無駄というものである。

2　経営情報の目的は意思決定に役立て具体的な行動につなげることであるから、担当の部署に提供しなければならない。単純な原則だが、これが守られていない会社が案外多い。

3　経営情報をマネジャーに提供する時は、業績改善に役立つ重要項目を精選する。こうすれば、情報の数を減らし質を高めることができる。経営情報は、個別ユーザーのニーズ、すなわちマネジャーが実際に行う意思決定や行動に必要なものでなければならない。

計画と比較する目的で収集する業績情報も、重要項目に絞り込むようにすればかなり簡素化できるだろう。何を重要項目に指定するかは、計画立案プロセス——特に事業計画を立てる段階——で決めておく。次に業務計画でも重要情報に指定し、業績評価の基本とする。

4　経営情報の内容を決める時に報告手順も決めておく。業務計画・予算からの逸脱が発生した時は、それが好ましいものであれ好ましくないものであれ、担当幹部に報告して注意を促さなければならない。

5　意思決定や行動の参考にするうえでは、財務情報は——もちろん重要ではあるが——業務情報ほど有効でない場合が多い。と言うのも、財務情報は業務情報ほど簡単には用意できないからだ。それに、（単なる数字の羅列で）判断材料にしにくいケースも多い。

本章で取り上げた基本的な計画と経営情報は、あらゆる経営システムに欠かせない要素である。過不足のない的確な情報が与えられればシステム全体が活性化され、さまざまな経営プロセス同士の相互作用を促すので、大きな効果が期待できる。

しかし、経営システムに待ち受ける最後の試練がある。それは、いかに効果的に社員の意思決定や行動を促せるか、ということだ。この最後のテストについては、最後の章でもある次章で取り上げることにしたい。

第8章

計画から実行へ

——社員を動かす

行動を呼び起こすモチベーター

経営の意思が意味を持つためには、最終的には目的に沿った生産的な行動に結びつかなければならない。その行動の主体は、言うまでもなく社員である。したがって会社をうまく経営するためには、目的に向けた建設的な行動を促す刺激や仕掛け、すなわちモチベーターを組み込む必要がある。

モチベーターという言葉は少々耳慣れないかもしれない。この言葉は、社員を実際に動かす、前へ進ませる要因を意味する。社員を動かす方法はたくさんある。命令もそうだし、ペナルティを科すという方法もある。助言、激励、恫喝、無理強いもあれば、指導、鼓舞もあるし、報奨を与えるのも一つの方法だろう。ほかにもさまざまな方法が考えられるが、なかで最もよいのは、社員が自ら率先して行動し自らを管理することである。経営の意思を生かすためには、状況に応じていろいろな方法を組み合わせ、あるいは全部を使いこなす必要がある。これを一言で表現する言葉として「モチベーター」を選んだ。

モチベーターは、経営システムと一体化された時、最も効果を発揮すると私は考えている。他の経営プロセスとの相乗作用によって経営の効果が一段と高まるからだ。モチベーターが経営システムと連動して働く時、システムを構成する他の要素に刺激を与え、また他の要素から影響を受ける。システムとしてのこうした相乗効果が、社員に行動への一歩をスムーズに踏み出させるのである。

生産性を高める経営プロセスについては、この本ですでに論じたとおりである。権限を委譲して責任の重みを与えること、仕事の意義や価値を知らせること、社員の仕事ぶりに対する評価を率直に伝えること、昇進のチャンスや業績に見合う報酬を与えること……。これらはどれも社員に刺激を与える具体的な手段であり、次の八項目に分類することができる。

1 命令
2 懲罰
3 助言
4 報奨
5 前向きな姿勢
6 コミットメント
7 自己責任
8 リーダーシップ

一番から七番には強い他律性から完全な自律性まで、モチベーターを段階的に並べた。そして八番のリーダーシップは、七つの要素を補うものである。上司にリーダーシップがあれば命令や懲罰は少しで済み、社員は仕事に前向きになる。報奨は有効に活用され、部下は経営目標や経営理念の実現にコミットし、自己責任で行動するようになるのである。

自己責任の原則こそ、社員の行動を促し生産性を高める最も効果的な手だてであると私は信じる。このため自己責任をまず最初に論じ、後に他の項目を取り上げることにしよう。そして最後にリーダーシップに筆を進め、モチベーターを経営システムの一環として活用し生産的な行動に結びつける方法を検討する。

自己責任

医師、大臣、教師、芸術家、作家など個人で働く人は否応なく自立しなければならず、成功も失敗も自分の責任となる。身も心も仕事に捧げ多くの価値を生み出す人が最も成功し、第二、第三のレオナルド・ダ・ヴィンチ、ヘミングウェイ、トーマス・エジソンになるのだ。個人事業主もまた自己責任で働き、生産性が上がるほど成功の確率は高くなる。しかし人間が集団になると、難しい課題が出てくる。一人ひとりを個人事業主に似た環境におく方法を見つけなければならない。

優秀な法律事務所ではそうした環境がほぼ実現しており、一人ひとりの自己責任が確立されている。一流の法律事務所は優秀な新人を慎重にふるいにかけて選ぶ。彼らはすでに法学の教育を受けているし、依頼人の法律相談に応じる時の自己規律も身につけている。法律を仕事にしたいとの熱意に燃え、依頼人に尽くすことで職業的に成功したいという意欲もある。採用された新人は一流事務所の理念を学び、高い職業倫理規範が求められていることを知る。そして依頼人のために全力を尽くそうと思うようになる。

こう考えると、一流の法律事務所には経営システムが自動的にビルトインされているとも言える。システムを支える要素のいくつかはロースクールの訓練で開発され、新人はそれらをすでに身につけて仲間入りする。ほかの要素の多くは、法律事務所に本来的に備わっているものである。弁護士は自分で依頼人を見つけて担当する仕組みだから、自己責任は当たり前である。助言や批判や称賛は、管理職に相当するベテランの弁護士が与えてくれる。仕事のやり甲斐は大きく、依頼人が満足したかどうかもわかりやすい——依頼人本人が直接口にしてくれることもある。

仲間からの評価に加えて、ボーナスがプラスのインセンティブとして働く。一方、先輩弁護士の厳しい目や、「昇進さもなくば解雇」の不文律がマイナスのインセンティブとして働く。法律事務所では、一定期間内あるいは一定条件下でパートナーに昇進できない場合には解雇されるという慣習がある。

一流の法律事務所では、命令で人を動かすことは滅多にない。弁護士に仕事をさせるのは弁護士本人だけである。とは言え弁護士が自分で定める業績基準は、他人が考える基準よりずっと高いのが普通だ。またリーダーシップは怒鳴ったり机を叩くこととは無縁であり、率先垂範によって指導力が発揮される。パートナーと呼ばれる弁護士たちは対外的にも対内的にも非常に尊敬されており、若い弁護士たちは間近で先輩のやり方を観察し、真似ようと努力する。

法律事務所に経営上の改善がもはや不要だと言うつもりはない。だが私の見るところ、専門的な能力を生かして利益を上げようとするプロフェッショナル集団——弁護士、会計士、コンサルタント——は、たいていのサラリーマンよりは生産的に働く。

ところで生産的に働くとは、長時間遮二無二働くという意味ではない。アメリカのごく一般的なエグゼクティブは就業時間など関係なく働くし、ブリーフケースに書類を詰め込んで自宅にまで仕事を持ち帰る。だが私が「生産的」という言葉で表したいのは、達成度である。目的に向かって満足のいく仕事を効率よくやり遂げ、戦略を遂行し会社の成功に貢献するということだ。

さまざまなプロフェッショナル集団や一般企業をつぶさに見てきた一介のコンサルタントとして、どんな会社もプロフェッショナル集団の生産性の高さに近づけるはずだと私は考えている。その実現を支えるのが計画性のある企業経営であり、社員一人ひとりを自己責任で行動へと促すような経営システムなのである。

読者のなかには、規模の小さいプロフェッショナル集団であれば自己責任で行動するのはたやすいと考える方もおられるだろう。たしかにそのとおりである。だが優れた経営システムとそれを支える優れたリーダーシップがあれば、どんな規模の会社も自主的な活動や管理の余地を増やしていけるのではないか。社員が自己責任で仕事に臨む会社では、命令や懲罰などに依存する会社よりもはるかに生産性が高いはずだ。実証はできないが、私は固くそう信じている。

自己責任が重要なのは、言うまでもなくエグゼクティブやスーパーバイザーである。地位が上がれば上がるほど自己責任が求められる。だが私の経験では一般の社員でも、厳しい規律で締めつけたり事細かに指図するより自主管理に任せたほうが仕事の能率が上がる。工場労働者にも同じことが当てはまる。

ほとんどの人は働いて何かを達成したいと思っているであろうし、またそのように仕向けることができる。長年にわたっていろいろな地位の人と親密に話す機会があったが、それらを通じて言えるのは、地位に関係なく人間は本当は仕事が好きだということだ。多くの人はもっと成果を上げたいと願っている。またたいていの幹部社員にとって仕事は充足感の源泉であり、心から夢中になれるものである。

企業の経営幹部も、専門職に就く人たち同様、自己責任に任せればもっといい結果を出せるだろう。ただしそのためには、会社の仕事には価値があり、自分たちの努力は会社の業績に直結すると信じられることが大切である。責任ある地位にいる人が潜在能力を最大限に発揮できているケースは滅多になく、そのためにだれもが欲求不満に陥っている。彼らはもっと責任を持ちたいし、もっと能力を発揮したいのだ。上から許されるなら、いやもっと望ましくは奨励されるなら、彼らは喜んで責任を引き受け能力を余すところなく発揮するだろう。経営プロセスや経営幹部の行動にこの点が考慮されていれば、会社の業績はさらに改善されるに違いない。

企業の中で個人に自由を与える必要性は、いまでは広く認められている。イギリス首相のサー・アレック・ダグラス・ホームは一九六四年の選挙演説で次のように述べた。

「科学と機械の時代に人間が存在意義を保つためには、個人がその才能を最大限に発揮できる機会を用意することが何よりも大切であります。若い世代には機に応じて能力を発揮してほしいものですが、我々は指揮や命令によって彼らの才能を引き出そうとしてはなりません」

またデュポンのクロフォード・グリーンウォルト会長はJ・P・スティーブンス・アンド・カンパニーの一五〇周年記念行事で講演し、社員に広く自由を与えることの必要性を説いた。

「社員に最大限の自由を与えることが大切です。自由は、仕事への最大のインセンティブです。そうすれば、個人の業績は会社の業績に跳ね返ってくるでしょう。

貴社の長年にわたる成功は、国家にとって大切なことが民間企業にも適用されたからに違いないと私は考えています。それは、何よりも自由ではないでしょうか。自由というインセンティブが与えられることによって、個人個人がベストを尽くす環境がつくり上げられたのです」

とは言え企業のトップは社員に自由を与える前に、行動の枠組みを決めておく必要がある。経営システムが整っていれば枠組みは自ずと決まり、足りないところはリーダーシップで補うことができる。つまり自己責任の浸透に必要な要素は、すべて経営システムによってもたらされるのである。

ここでもう一度、復習しておこう。

- 経営理念。「我々のやり方」として、すべてに優先する力強い信念を掲げる
- 戦略計画。企業の経営目標とそれを達成するための戦略を社員全員に明確に示す
- 行動方針・基準・手順。戦略を実行に移す時の指針を定める
- 組織計画。やるべき仕事を定義し、それに必要な権限を割り当てる
- 事業計画・業務計画とコントロール・システム。意思決定や行動から最大限の価値と利益を生み出せるよう、戦略を実行する計画を定め、情報を提供する
- モチベーター。社員が目的意識を持って価値を生み出すよう促す

これらによって決まる行動の枠組みは、細かすぎもしないし規則ずくめでもない。またあくまで指針であって指図ではない。個人の決定や行動の余地は大きく、自主性が大いに奨励される。助言や罰則は最小限にとどめられ、代わって仕事のやり甲斐と達成感が社員のモチベーションを高める。そして目標を訴え、模範を示し、職場に活気ある雰囲気をつくり出すためにリーダーシップが発揮される。

そうは言っても企業では、完全な自己責任はあくまで理想に過ぎない。一部の企業ではかなりの自己責任が達成されているが、多くの企業は手が届かないのが実態である。しかし私はどんな企業でも自己責任の原則は相当程度に実現可能だと考えるし、努力する価値のある目標だと信じている。

そもそも人間は、会社にいようといまいと本能的に自由を好むものである。一定の枠内で自由が

与えられ、よきリーダーに恵まれていたら、ほとんどの社員が喜んで責任を引き受け、イニシアティブを発揮し、想像力を羽ばたかせるだろう。そして自ら進んで高い基準を設定し、熱心に働いて基準をクリアしようとするに違いない。

自己責任の有効性を示す例証として、アメリカ企業では参加型経営が広がっていることを指摘しておこう。自分たちの行動に関わる方針や計画の立案に社員の参加を求める企業の数は、増える一方である。社員参加を通じて方針や計画の質が向上するだけでなく、実行段階で社員が自発的に取り組むようになるので、自己責任を促す効果もある。だからどんな企業にも、自己責任の原則確立をぜひとも目指してほしい。たとえその目標に届かなくとも、成功が近づくことは保証する。

とは言え理想を完全に実現するのは困難である。うまく経営されている会社であっても、自己責任以外の方法も多少は活用しないと社員に一歩を踏み出させるのは難しい。次の項目からは、他のモチベーターを見ていくことにしよう。

命令

命令に対する反応、すなわち上司からこうせよと命じられた時に部下が取る行動は、自己責任とは正反対のものになる。軍隊の決まり文句は「これは命令だ」だが、こうした言い方はビジネスの世界ではあまり聞かれない。上司は命令と言わずに「要請」だとか「指示」だと言いたがる。しかし実際には、それらは命令と受け止められ、そのように対処されるのである。

経営システムが機能していれば命令はあまりいらないが、多くの企業はシステムが整っておらず、自己責任よりも命令など強制的な方法に頼りがちだ。ひどく支配的で厳格な規律を要求するCEOの例を覚えておられるだろうか。そうしたCEOがいる会社では、部下はCEOの顔色をうかがい、それに基づいて行動するようになってしまう。その会社のたくさんの社員と面談したところ、自由裁量の余地がもっと与えられれば仕事の効率は上がると考えている社員が多いことがわかった。ただひたすら指示待ちをしなくていいなら、自主的に仕事を進めあれこれアイデアも湧くだろうし、自分から高い基準を定めて一生懸命に働くだろう――私にはそう思えた。

ただし現実の企業は理想とは違うから、時に命令を下さざるを得ない場面も出てくるだろう。口から発するだけで済む命令は実に手軽な手段であるため、権限のある人間はついつい命令に頼りがちになる。だが長年にわたり多くの企業を観察してきた経験から言うと、命令はごく控えめに下すべきである。命令された人間が理詰めで反対意見を申し立てたり、本能的に反抗できる程度のソフトさで命令するのがよい。部下のやる気をそぎ意見の具申を躊躇させるほどに強引な命令や、気まぐれで有無を言わせぬ命令は、断じて避けなければならない。計画的に経営され、よきリーダーのいる会社なら、命令の使用は自ずと手控えられるはずである。

懲罰

懲罰がないと、経営システムは効果的には機能しない。自己責任の原則が相当に徹底された会社であっても、何らかのかたちで懲罰が用意されているものだ。

もっとも経営システムが機能していれば、懲罰はさほど必要ではない。懲罰が必要な社員に対しても、システムが活を入れてくれる。仲間から非難されるというだけでも、十分なモチベーターとなるだろう。

経営システムが機能している企業に適した懲罰としては、譴責、手当やボーナスの減額・打ち切り、昇進の先送り、業績が改善されない場合の解雇、などがある。一部の企業では高齢化する役職者の成果を維持するため、早期退職と年金の減額を実行している。

人間はあやまちを犯すものだから、究極の懲罰である解雇も用意しておくべきだろう。業績が改善されない社員の早期解雇を制度化しておけば、経営システムは強固なものになるし、本人に対しても不公平にならない。能力のない社員が重要なポストに居座り続ける例をよく見かけるが、これは会社にとっても本人にとってもよくない。その社員はどこかほかなら能力を発揮し昇進できるかもしれないからだ。

幹部に対する懲罰は、公平な配慮を持って適用されるならば、社員に大きなインパクトを与える。

優れた指導者は懲罰を控えめに適用するが、必要な時には躊躇しない。人事方針の厳格な運用は社員の忠誠心を引き出し、情況に見合った公正な懲罰にはモラルを高める効果が期待できる。

助言

助言や示唆は、広く使われるモチベーターである。健全な経営システムが機能している会社では、助言は命令とは受け取られない。助言が命令より好まれるのは、受け手に諾否の選択が任されているからである。命令よりはるかに他律的でないため、助言は望ましい方法と言える。

助言が企業内で生かされ行動のかたちで実を結ぶためには、偏見のない開かれた精神が根づいていなければならない。事実を重んじ客観性を旨とする経営理念が貫かれていれば、そうした気風は自然に会社に定着するだろう。

助言をする側にはスキルが必要である。状況をよく把握していること、相手の態度に敏感であること。相手のものの見方、偏見、行動様式や心理状態に影響を及ぼす条件から、相手の長所短所、社内での人間関係まで、十分に理解していること。助言に従って行動する意思や能力があるか、見きわめること。さらに助言の意図を誤解なく伝える術も、助言者には要求される。

助言は大変有意義な手段である。経営システムが機能している会社では命令に代わって助言が多用され、自主的な行動が高い業績を生み出している。

報奨

金銭的な報奨が社員にとってモチベーターになることは言うまでもない。したがってここでは、報奨の適切な位置づけにだけ触れることにしよう。私のみるところ、報酬が仕事に対する意欲を高める効果を過大評価している経営陣が多い。確かに給料、ボーナス、ストック・オプション、その他追加手当などの金銭的報奨によって幹部社員をつなぎ止めることはできるが、それで彼らが意欲をもって生産的に働くとは思えない。

有能な人材はほぼ例外なくしかるべき報酬を望むし、それが得られなければ会社を辞めるのは確かだ。だが彼らはカネそのものではなく、自分の業績に対する評価、達成度の目安として報酬を望むのである。したがって経営システムの一環として適切に活用するなら、報酬の効果は一段と高まるはずだ。

前向きな姿勢

仕事に前向きであることは最高の成果を上げる大前提だが、その大半は経営のやり方で決まってしまう。したがって、社員に仕事を前向きになってもらう秘訣はすでに論じたことになる。とは言え人間はなぜ仕事を好きになるのか、嫌いになるのかがわかっていれば、生産性を高めるうえで役に立つので、ここで少し詳しく見てみることにしよう。

報酬が公正であることを条件として、社員は次の三つの理由から仕事を好きになる。第一は自由裁量の余地があること、第二は業績に基づく昇進の機会が用意されていること、第三は仕事から達成感が得られることである。

自主裁量の余地

シーモン・E・ナッドセンは、GMの副社長兼シボレー事業部長だった頃、「企業経営幹部に求められる姿勢」と題するミシガン大学ビジネススクールでの講演で、次のように述べた。

「企業の進化は、マネジャーに与える行動の自由に直接比例する。

もちろん個人の勝手な自由裁量が組織の目的より重視されるという意味ではない。

企業の大きな構造はそうそう変わるものではないし、連続性が保たれなければならない。だが実際に企業の機能を決めるのは何千何百もの仕事である。したがって企業経営の基準とすべきは一つひとつの仕事が完遂されることであって、そのために使われるテクニックは問題ではない。企業では、責任と権限、そして各人が自由に仕事を進める権利のどれが欠けてもいけないのである。

企業において重要なのは、だれもが自分の才能を最大限に発揮する機会を与えられることである（原注1）」

彼の言葉の端々から、経営システムが仕事に対する社員の姿勢に大きな影響を及ぼすことが読み取れる。組織構造によって責任が定まり、権限委譲によって社員に自由裁量の余地が与えられる。この二つの経営プロセスが結びつくことによって、社員一人ひとりの仕事のやり方が組織の目的へと収斂するのである。

前向きな姿勢と行動の自由との間には明らかに相関関係がある。しかし一方で、何らかの決まりや縛りがなければ会社の目的は達成できないだろう。したがって個人の自由は直接与えるものではなく、経営システムを通じて自ずと実現すべきものと考えられる。

適切なシステムの下では、有能なリーダーは部下が自分のやり方で仕事を進めることを奨励している。そうしても――あるいはそうすることによって、戦略は実行され目標は達成されるのである。

達成感

「人間にとって最も強いモチベーションとなり自己防衛本能を抑制するのは、何かを達成したことの誇りである」――この言葉を言ったのは心理学者でも哲学者でもない。フォードの副社長、ベン・D・ミルズである（原注2）。

ミルズの考え方は、私が行った調査でも裏づけられた。「現在の会社にとどまりたいと思う最も大きな理由に該当するものを選んでください」という質問に対し、回答者の八三％が「仕事が面白くやり甲斐がある」を選んだのである。一方、転職経験のある回答者の五三％は「仕事にやり甲斐がない」を選び、「転職先のほうが報酬が高い」を選んだ四六％を上回った。

いまの仕事に不満を感じている人から全力で打ち込んでいる人まで数百人に聞き取り調査をした結果、興味が持てない仕事、やり甲斐のない仕事では有能な人材をつなぎ止められないことがはっきりした。アメリカでは労働市場の流動性が高いため、会社が必要とするような優れた人材ほど、面白みのない決まり切った仕事からさっさと逃げ出してしまう。そういう仕事では高い能力が要求されないからだ。

私が知っている多くのエグゼクティブはそうした現実を認めようとせず、今時の若者は腰を落ち着けて仕事をしようとしないと嘆く。だが嘆くより前に問題に対処すべきではないか。手をこまぬいていると、未来の経営者を次々に引き抜く人材戦争に負けてしまうだろう。

達成感を実感できるのは、その証拠が目に見えるかたちで示された時である。ある賢明な実業家が指摘したとおり、「能力のある人ほど、自分がどれほどのことを成し遂げたか確認したがる」ものだ。昇進や昇給はたしかに一つの目安になるが、誉められること、認められることもまた達成度の証しである。

達成感が乏しい仕事からは、有能な人材は去っていく。年金やボーナスやストック・オプションが用意されていても効き目はない。有能な人材という貴重な資源が最も生産性の高い職場に落ち着くのだから、経済にとってはおそらくはよいことである。しかし成功を目指す個々の会社にとっては、事は重大と言わねばならない。経営システムに人材戦略を含めるべしと私が強調するのはこのためである。

コミットメント

大企業にとって難しいのは、幹部社員が自分の仕事ひいては会社に対して抱く興味を刺激し、個人事業主の生産性や熱意に負けない水準まで引き上げることだ。仕事に対する興味は、前にも書いたように、有能な人材を定着させる必須条件である。そして優れた上司であれば、部下の興味を熱意に、また献身へと高められるだろう。

仕事に打ち込み全力を尽くすといったことは、別に実現不可能な絵空事ではない。アメリカの企業ではすでにたくさんのエグゼクティブが途方もない時間を仕事に捧げ、自分自身や家族を犠牲にし、あるいは単なる義務を超えた献身をしている。何が彼らをそうさせるのだろうか。経営者はどうすればそうした条件をつくり出せるだろう。

コミットメントや献身は、経営の優れた会社——すなわち健全な経営理念を掲げ、社員に行動の自由が保証され、業績に対して昇進のチャンスが与えられ、達成感が味わえるような会社——でしか期待できないが、それでもいま挙げた条件だけでは不十分である。仕事に社会的な価値があること、会社や仲間への帰属意識が持てること、自分の仕事が会社全体の業績にとって意味があることも大切だ。ほかにも条件はあるが、この本では特に重要なこの三つの条件について、以下で簡単に説明する。

競争経済では、経営幹部のコミットメントや献身が他社をほんの少し上回るだけで、大きな差がつく。また一部の幹部のコミットメントや献身は、他の社員の生産性を高める環境をつくり出す。こうしたことが積み重なって、最終的に大きな競争優位となるのである。

仕事の社会的価値

「人は何かに尽くしたいという気持ちを持っている。それをやり甲斐のある目的に向けることが大切だ」――『自己再生』の中でジョン・ガードナーはこう説く。「自己再生できる人は、自分のやっていることに価値が見出せないと、もっと確信が持てる別のことを見つけようとする。もちろん、だれもが一番やりたいことにだけ人生を捧げられるわけではない。だが人間は、仕事を通じて、あるいは余暇に、自分が本当に真剣になれることをすべきだ。自我の檻から逃れるためには、自分以外の何かのために尽くすべきである（原注3）」。

GMの元会長ジョン・F・ゴードンは引退を間近に控えたあるクリスマスパーティで、「社会に日々貢献ができることをぜひとも誇りに感じてほしい」と社員に語りかけている。献身的なビジネスマンだったゴードンは社会貢献が持つ意味をよく理解しており、会社のトップとして社会貢献の大切さを社員に折に触れて訴え、日常の業務とも関連づけていた。

企業は社会に偉大な貢献をしてきた。有能な人材を集め、また事業の成功に欠かせない熱意や献身を引き出すためには、企業自身がそうした貢献をもっと意識し強調してもいいのではないだろうか。優れた人ほど社会に貢献したいと強く願うものだ。だが仕事——とりわけ企業の仕事——がどのように社会に貢献できるかを知らせることはきわめて重要である。

帰属意識

社員から高い生産性、コミットメント、献身を引き出すためには、会社や仲間に対する帰属意識が必要であり、多くの人がこの見方に賛成している。組織集団が烏合の衆と決定的に違うのは、共通の目標と信念を持っていることである。会社の掲げる目標や信条にどれほど深く共感できるかによって、帰属意識の強さは決まる。

目標を企業経営にどう生かすかについてフォードのベン・ミルズと議論した時、彼はこう言った。「何より大事なのは、社員全員が会社の目標をしっかり理解していることだ。目標がわかっていなければ、達成できたかどうかもわからない。目標に個人的に関与していなければ、達成できても少しもうれしくないし誇りにも思えないだろう」。

帰属意識を高める第一の方法は、折に触れて会社の目標を語り、それが事業にとってどれほど大切かを強調することである。AT&Tのフレデリック・R・カッペル元会長は、シカゴ大学で講演した時、次のように語っている。

「経営者にまず求められるのは、高い目標を設定し、それを強く打ち出すことである。その目標は、社員を奮い立たせ、それに向かって努力しようと思わせるようなものでなければならない。正しい質問を投げかけ、正しい答えを見つけるよう社員を促す。目標を定め、それを徹底する。こうしたことこそ、企業のリーダーにとって一番大事な課題なのである。

経営者はリスクをとるよう社員に求めなければならないが、しかしそのリスクを分かち合わなければならない。伝え、共に学ぶこと。語りかけ、耳を傾けること。問いかけ、答えること。こうした実践を通じて目標を社員に伝え、共に働こうという気にさせることができる(原注4)」

帰属意識を高める方法の第二は目標設定に社員を参加させることであり、経営者はこの点を心すべきである。イースタン航空の改革に当たってフロイド・ホールが採ったのもこの手法だった。社員の経営参加を広く求め、「どうせ自分は歯車」という感覚を払拭して、社員にやる気を起こさせたのだ。

仕事の重要性

社員の熱意と献身を引き出すためには、仕事の位置づけや重要性を知らせることが大切である。デュポンの経営委員会メンバーであるデービッド・H・ドーソンは、この点について次のように話している。「自分は仕事を通じて会社に貢献しているという満足感を得られること。社員一人ひとりがそう確信できることがきわめて大切だ」(原注5)。会社という大きな組織の中で自分がどんな役割を果たせるのか、社員なら知りたいと思うのは当然である。

大企業にあっては自分がある程度歯車的な存在にならざるを得ないことをだれしも承知している。だがコミットメントや献身の対価として、自分の仕事に確かな価値があること、自分が会社という大きな仲間の一員であって、何か重要な貢献ができていることを彼らは知りたいのだ。したがって有能な人材を採用し定着させるためには、経営者はそうした要請に応えていかなければならない。

リーダーシップ

社員を動かす最高のモチベーターは、リーダーシップである。最高の業績を達成するためには、リーダーシップの能力を育てなければならない。

幸いにも経営システムが機能している会社では、リーダーが育ちやすくリーダーシップの能力も開発されやすい。経営の意思が浸透していれば、経営システムが自ずとリーダーシップを育ててくれる。

リーダーシップとは何か

漠然とリーダーシップについて考える時、リンカーンやチャーチルのような偉大な政治家を思い浮かべる人が多いのではないだろうか。大勢の人を鼓舞し奮起させて偉業を成し遂げさせてしまう人物だ。彼らは国民の力を見抜き、モチベーションを与え、高い目標を掲げ、国民が努力と犠牲を進んで捧げるように導く。この意味で彼らのリーダーシップはまるで魔術のようなもので、普通の人では到底手が届かないように見える。

だが本書で取り上げる企業のリーダーシップは、これとは違う。企業のリーダーには、抜きん出た資質や並々ならぬ能力などは必要ない。経営システムが機能している会社ならなおさらである。CEOが確固たる経営の意思を持っていれば、経営システムが機能する。そういう会社は有能な人材を集めることができ、成功に必要なリーダーが育ちやすい（自動的に育つわけではないが、システムが機能していればその可能性は高い）。

経営システムが整った会社は、個人プレーにそれほど依存しない。大勢の人を鼓舞できるような人物がいるに越したことはないが、いなくても十分やっていける。と言うのも、経営システムの各要素が行動指針の役割を果たしてくれるからだ。社員一人ひとりが自分の利益を追求すればその行動指針を守ることになるので、上から焚きつけられる必要はさしてないのである。だれもがすべきことを心得ているうえ、経営システムの下では自己責任による行動が認められるので、自分がすべきと判断したことを行動に移しやすい。さらにシステムの各要素の相乗作用によって成果はいっそう高められる。

リーダーシップとは何かを分析した研究は数多いが、そのどれにも共通して強調されるのは、「誠実さ」である。ノーベル文学賞を受賞したパール・バックは次のように語る。「誠実な人格というものはその人の存在や精神のすべてから紡ぎ出されるものであり、それが行動や思想に表れて、心の底から信頼できる人間をつくり上げる。こうした誠実さこそリーダーの条件である」(原注6)。信用できない人間にはだれもついていかない。しかしありがたいことに、誠実な人はたくさんいる。

企業のリーダーは誠実でなければならないが、非の打ち所のない人間である必要はない。創造力があり、決断力があり、根気があること。何かをやり遂げようとする強い意志があること。他人の立場や考え方を理解する能力があること。こうした資質を備えた人は決して少なくないはずである。実際、大勢の人が、ここに挙げた企業のリーダーシップの条件に合致する。それなのにうまく指導力を発揮できないのは、やり方を知らないからだ。

経営システムはリーダーシップ・スキルを育てる

GMのシーモン・ナッドセンの定義によれば、リーダーとは「使命感のある人間」である。経営システムが機能している会社では目標と戦略がきっちり決まっているため、使命も明確で曇りがない。経営陣だけでなく部門の長やその下のマネジャーも目標達成のための戦略を立てるから、個人がばらばらな使命感を抱く事態は避けられる。経営がシステムとして機能しているので、多くの社員の気持ちが具体的な到達目標——売上高・シェア、投資利益率、優れた経営の継続——に向かって一つにまとまる。

経営システムが機能している会社では、リーダーシップ・スキルが育つ。経営システムが整った会社のリーダーは、リーダーであるためには何をしなければならないかをよく心得ているからだ。

システムとして経営されている会社では、リーダーシップは決して魔術ではない。リーダーは、システムをつくり、維持し、動かしていくために必要なことをこなすよう求められるが、そうした行動そのものがリーダーシップの表現となるのである。リーダーはリスクをとり、部下を激励して戦略を実行する。彼らの行動を制限するものがもしあるとすれば、それは、リーダー自身の能力や意欲だけである。そしてシステムは、リーダーの資質が遺憾なく発揮されるようサポートしてくれる。こうしてシステムの下では、リーダーの発想や行動はより生産的になっていく。つまり第二、第三のカーネギー、フォード、ファイアストン、スローン、ワトソンが生まれる確率は高くなる。

それではここで、経営システムがリーダーシップの育成にどんな効果を上げるのかをまとめてみよう。

1　経営への組織的な取り組み

組織的な経営を志すことはリーダーの仕事であり、それ自体がリーダーシップの表現となる。単純かつ具体的な決断だが、これは経営の意思を事業の成功に結びつける第一歩である。

まず、経営の意思を持ち続けること。第二に、経営を体系化しシステムとして運用する課題に十分な時間を割くことである。つまり毎日の業務上の意思決定に費やす時間を切り詰めなければいけない。細かいことは切り捨て、リーダーとしての姿勢を示さなければならないのである。

2　経営理念

「我々のやり方」を経営理念として打ち出すこともリーダーの仕事であり、リーダーシップの表現である。経営理念には、事実の尊重やスピードの重視といった、会社にとって重大な事柄が関わってくるからだ。

3　戦略と事業計画

戦略を立てることも、リーダーシップの発揮にほかならない。具体的な戦略を打ち出し計画を立てて目標を達成していくことは、リーダーの役割である。リーダーは、次の質問に答えられなければならない。自社はどんな業界に属しているのか。顧客が自社製品やサービスを買ってくれるのはなぜか。会社は現在どんな問題点を抱えており、またどんなチャンスがあるのか――。

4　人事計画

有能な人材の獲得はリーダーの仕事である。またリーダーは、人材の育成プログラムにも携わる。優れた人材が経営理念に共感し、幹部職に昇進し、経営システムについて十分なトレーニングを積むならば、他社には真似できない競争優位につながる。したがって人材育成に力を入れることは経営者のリーダーシップを表すものと言える。

5　システムの伝達と遵守

システムが整ったら、これが社員の行動指針となるよう広く社内に浸透させなければならない。したがってリーダーは、システムを構成する要素に精通している必要がある。システムの全体像、システムを構成する経営プロセス、そしてある決定を下せばそれがシステム全体にどう波及するか、などを明快に説明できなければならない。

とは言え、システムの概要を社員に知らせるのはコミュニケーションの第一歩に過ぎない。その後も経営陣は折に触れ、自らの行動や決定をシステムと関連づけていく必要がある。「これをやってほしい。これは、わが社の理念に適っている。あるいは我社の方針にこのように合致する。そしてこの行動を取れば、ほかの計画にこのような好影響がある」といった指示を出すべきだ。

せっかくシステムをつくっても、意識的に活用し守らなければ役に立たないし、存続できない。経営システムとは何か、どう機能しどのように経営効率を高めるのかを、リーダーは繰り返し説く必要がある。経営の意思には、効果的なシステムを構築するだけでなく、それを語り続ける決意が求められるのである。

システムの遵守と伝達は、表裏一体の関係にある。リーダー自らがシステムを守り、それによって何が達成できるかを部下に示すこと。その手本は強力なメッセージとなり、それが部下にも伝わっていけば経営の意思はいっそう深く浸透し、リーダーシップを育てると同時にリーダーシップ依存度を下げることができる。

GMのジョン・F・ゴードンは、経営への組織的な取り組みの意義を素晴らしい言葉で語ってくれた。社長退任を間近に控えた一九六五年の株主総会で彼が行ったスピーチの一部を引用したい。

「当社が一貫して抜きん出た業績を上げることができたのは、ひとえに社員のおかげであります。GMの業績は数千人に上る社員一人ひとりの、また集団の力による成果なのです。とは言え、GMの社員が生まれつき並はずれた能力を備えていると言うつもりはありません。一人ひとりは大変に幅広い能力を備えておりますが、これはたいていの大会社の社員に備わっているものです。

しかしGMは集団になると俄然威力を発揮します。大切なのは個々の社員の能力ではなく、大勢が混じり合うことの潜在力なのです。GMはさまざまな人たちが働く混成の強みを備えた組織です（中略）。GMの組織は、この多様性を十分に考慮して組み立てられています。権限委譲を図る一方で、大きな方針はトップが決め、コントロールする。こうした経営システムの下で、個人のイニシアティブや行動の自由と、指導や規制などのバランスをとることが可能になりました。

こうした組織では、社員は自主的に働くと同時にほかからの刺激にも積極的に反応します。自分の効率を高めるだけでなく、共に働く人たちの効率にもよい影響を与えます。その結果、全体としてみると、一人ひとりがばらばらに仕事をした場合の総和よりもはるかに大きな成果を上げられるのです。

ごく普通の社員が並はずれた業績を上げられる理由はたくさんあります。認められ評価されること、金銭的な報奨が用意されていること、昇進の機会が与えられること、充足感が得られること。競争心も理由の一つですし、会社や仲間に対する忠誠心もそうです。さまざまなことが積み重なり組み合わさって、抜きん出た業績を築き上げてきたのです」

6　コミットメント

リーダーはコミュニケーションやトレーニングを通じ、会社にはどのような社会貢献ができるか、一人ひとりの仕事は会社にとってどのような意味があるかを知らせ、会社や仲間への帰属意識を高めて、仕事へのコミットメントや献身を導き出す。言わば目に見えないリーダーシップだが、ここでも経営システムがリーダーを支えてくれる。

7　機会と問題点

経営システムが効果的に機能していると、機会や問題点が自ずと見えてくる。システムの下で社員に自発的な行動が見られない時には、リーダーが主導権を取らなければならない。特に人事に絡む問題では、公正で断固とした対応を素早く取る必要がある。

8　不測の事態への対応

計画がうまく機能しない時（時にあることだが）にはリーダーがただちに行動を起こし、状況に適したモチベーターを選んで軌道修正を図るべきである。ここでも経営システムがリーダーの行動を後押ししてくれるはずだ。

システムがうまく機能している時も、経営者はできる限り頻繁にビジョンを訴え、熱意を示し、鼓舞し、激励し、模範を示すべきである。リーダーシップが発揮され、しかもシステムへの過度の干渉がなければ、事業が成功する確率は高まる。

この本を読み終える時、読者の経営の意思は前より強固なものとなっているだろうか。経営の意思を生かし、成功——売上高・シェアの最大化、投資利益率の改善、経営の継続性の実現——を導く最善の方法は、組織的な経営すなわちシステムによる経営によってもたらされると私は確信する。この確信を読者の皆さんにも共にしていただければ幸いである。経営の意思とこの確信とを行動に結びつけられるなら、どんな企業にも素晴らしい成果が期待できるだろう。そして企業経営が改善されるなら、経済全体も大きな果実を手にすることになる。

Harvard Business School Conference, June 16, 1956, reprinted in *Harvard Business School Bulletin*, Summer 1956.
4) Robert R. Bowie, "Analysis of Our Policy Making Machine," *The New York Times Magazine*, March 9,1958.

第5章

1) Alfred P. Sloan, Jr., *My Years with General Motors*, Doubleday & Company, Inc., New York, 1964, p. 27.（邦訳『[新訳] GMとともに』有賀裕子訳、ダイヤモンド社、2003年）
2) Ralph Cordiner, "Problems of Management in a Large Decentralized Organization," speech to General Management Conference, American Management Association, June 19, 1952.
3) 旧約聖書・出エジプト記
4) *The New York Times*, June 16, 1961.
5) *The New York Times*, May 15, 1964.

第6章

1) *The New York World-Telegram* and other Scripps-Howard newspapers, August 29, 1956.
2) *The New York Times*, November 7, 1955.
3) Carnegie Corporation, *Annual Report for 1956*.
4) *The New York Times*, September 23, 1956.
5) John W. Gardner, *Self-Renewal: The Individual and the Innovative Society*, Harper & Row Publishers, Incorporated, New York, 1963, 1964, p. 11.
6) "Getting Ahead in General Motors," *Forbes*, December 1, 1962.

第7章

1) Frederick R. Kappel, "Vitality in a Business Enterprise," McKinsey Foundation Lectures, Columbia University, 1960.

第8章

1) Semon E. Knudsen, "The Change Seekers," *Michigan Business Review*, November, 1964.
2) Ben D. Mills, "Management without Meddling," *Think* (IBM), October, 1958.
3) John W. Gardner, *Self-Renewal: The Individual and the Innovative Society*, Harper & Row Publishers, Incorporated, New York, 1963, 1964, p. 99 and pp. 16-17.
4) Frederick R. Kappel, "Management, Computers, and Learning Power," presented at Thirteenth Annual Management Conference of the Executive Program Club and the Graduate School of Business of the University of Chicago, March 17, 1965.
5) D. H. Dawson, "Management Techniques and Personnel Development," presented at Symposium on Development of Chemical Management, Division of Industrial and Engineering Chemistry, American Chemical Society, Boston, Massachusetts, April 9, 1959.
6) Pearl S. Buck, "Principles of Leadership," Second Annual Gandhi Memorial Lecture at Howard University, Washington, D. C. (printed in *The American Review*, October, 1961).

◉———巻末注

第1章

1) Alfred P. Sloan, Jr., *My Years with General Motors*, Doubleday & Company, Inc., New York, 1964, p. 4.（邦訳『[新訳] GMとともに』有賀裕子訳、ダイヤモンド社、2003年）
2) Frederic G. Donner, "The Development of an Overseas Operating Policy," McKinsey Foundation Lectures, Columbia University, April 28, 1966.

第2章

1) Thomas J. Watson, Jr., *A Business and Its Beliefs*, McGraw-Hill Book Company, New York, 1963, pp. 5-6.
2) Alfred P. Sloan, Jr., *My Years with General Motors*, Doubleday & Company, Inc., New York, 1964, pp. xiii-xxiv.（邦訳『[新訳] GMとともに』有賀裕子訳、ダイヤモンド社、2003年）
3) Thomas C. Dillon, "Foot Dragging Made Easy," speech to the American Marketing Association, Dallas, Texas, June 16, 1964.
4) Charles E. Wilson, "Productivity —— The Key to Prosperity and Peace," speech before the First Conference of Manufacturers, New York City, December 3, 1951.

第3章

1) *Celanese World*, January, 1966.
2) Dean Acheson, "Ethics in International Relations Today," address at Amherst College, December 9, 1964.
3) From *The Living Lincoln*, edited by Paul M. Angle and Earl Schenck Miers, Rutgers University Press, New Brunswick, N. J., 1955.
4) Gerald L. Phillippe, "The Public Be Served," speech to the National Industrial Conference Board, October 29, 1964.
5) J. W. Keener, "Marketing's Job in the 1960s," *Journal of Marketing* (national quarterly publication of the American Marketing Association), January, 1960.
6) David R. Jones in *The New York Times*, September 7, 1964.
7) *The Wall Street Journal*, December 14, 1964, p. 1.
8) In a booklet entitled *This is Merrill Lynch, Pierce, Fenner & Smith, Inc.*, 1963.

第4章

1) Richard R. Deupree, "Management's Responsibility toward Stabilized Employment," speech delivered at the Conference on General Management, American Management Association, October 11, 1945.
2) Robert McLean, "Ochs and Journalism: An Appraisal," *The New York Times Magazine*, March 9, 1958.
3) Stanley C. Allyn, "American Business Goes Abroad —— A Case History," speech at

監訳者紹介

平野正雄（ひらの・まさお）

マッキンゼー・アンド・カンパニーのディレクター。スタンフォード大学経済工学修士課程修了。ハイテク、テレコム、メディア、金融、医薬など幅広い分野において、全社戦略、企業提携・買収、商品開発、組織改革など、主要な経営課題に対するコンサルティングに従事。主な著書に『マッキンゼー組織の進化』（編著・監訳、ダイヤモンド社、2003年）がある。

訳者紹介

村井章子（むらい・あきこ）

翻訳者。上智大学文学部卒。三井物産を経て英語・フランス語産業翻訳者として独立。経済・経営関係を中心に、新聞・雑誌掲載論文を主に手がける。『DIAMONDハーバード・ビジネス・レビュー』（ダイヤモンド社）に翻訳協力。主な訳書に『マッキンゼー戦略の進化』『マッキンゼー組織の進化』（共にダイヤモンド社）、『地球文明の未来学』（共訳、新評論社）、『地球共有の論理』（共訳、日科技連出版社）など。

著者紹介

マービン・バウワー（Marvin Bower）

1903年生まれ。ブラウン大学、ハーバード・ロースクール、ハーバード・ビジネススクール卒業。クリーブランドで企業法務に携わったあと、1933年、マッキンゼー・アンド・カンパニーに。以降、マネージング・ディレクターとして同社の発展の基盤を築いた。バウワーなくして、今日のマッキンゼーはなかったと言われる。また、経営コンサルティングの世界に、初めて科学的・論理的な問題解決の方法論を確立した功績も有名。バウワーの活躍は、コンサルティング業界のみならず、経済開発委員会や経済教育協議会などの副会長を務めた。2003年1月22日、99歳で永眠。本書は1966年に刊行されたが、2002年に発行された『*Business: The Ultimate Resource*』はアダム・スミス、ドラッカー、ポーターらの著書と共に「時代を超えて最も影響力あるビジネス書」の1冊に選定している。

マッキンゼー 経営の本質
——意思と仕組み——

2004年3月4日　第1刷発行
2007年5月11日　第4刷発行

著　者　マービン・バウワー
監訳者　平野正雄
訳　者　村井章子

装幀／布施育哉

発行所／ダイヤモンド社
郵便番号　150-8409
東京都渋谷区神宮前　6-12-17
編　集　03-5778-7228
販　売　03-5778-7240
http://www.dhbr.net

編集担当／DIAMONDハーバード・ビジネス・レビュー編集部
制作・進行／ダイヤモンド・グラフィック社
印刷所／勇進印刷（本文）　共栄メディア（カバー）
製本／ブックアート

ISBN4-478-37461-9　Printed in Japan